はじめての
フェアアイルニット

伝統の編み込みニットがこれならできる！ 楽しい棒針編み教室

Blue & Brown
高橋亜子

フェアアイルニットのこと

　グレートブリテン島の北東、北海に浮かぶシェットランド諸島に「羊の島（Fair Isle）」と呼ばれる小さな島があります。面積約8km²のその小さな島が発祥とされ、400年以上編みつがれてきた伝統的な棒針編みが、フェアアイルニットです。

　北海の中央に位置することから、往来する船の寄港地となり、北欧やヨーロッパ、バルト三国など、さまざまな地域の文化が流入し、その影響も受けながら形成されてきたと考えられているフェアアイルニット。そのデザインや編み方には、いろいろな特色があります。

　なかでももっとも特徴的なのは、たくさんの色を用いて編み出される、美しい模様です。抽象的な幾何学模様から、植物や動物など身の回りの自然をモチーフに作られたと思われる具象的な模様まで、さまざま。それらの模様の組み合わせと配色の工夫により、多彩なデザインが生まれます。

　完成した編み地を見ると素敵な反面、実際に編むのは大変そう……と、思う方も多いかもしれません。でもじつは、編み方自体はそれほど難しくありません。というのも、フェアアイルニットの技法には、次のような基本ルールがあるからです。

◎1段で使用する糸は2本（2色）だけ
編み地全体でどんなにたくさんの色を使っていても、1段を編むときに使う糸は、2本だけです。2本を交互に使って編めばよいので、慣れればすいすい編めます。

◎「輪編み」でつねに編み地の表を見て編む
編み込み模様は、模様が見えない裏側を見ながら編むのが、じつは大変。ところがフェアアイルニットは編み地を筒状にして、つねに編み地の表側を見て編むため編みやすく、間違えにくいのです。

1〜3：初夏のシェットランド風景。模様のモチーフになりそうな彩りにあふれています。　4：デザイナー、ウィルマさんのショップで見せていただいたレッグウォーマー。　5：教室の生徒さんたちと、持参した自作のニットを着て海辺で。　6：二大糸メーカーのひとつ、ジェイミソン＆スミス（J&S）の工場にて。同社のオリバー・ヘンリーさんがシェットランドシープの原毛を前に、製造工程を説明してくれました。　7：こちらがシェットランドシープ。　8：ウィルマさんのアトリエにて。壁一面の模様見本。　9：J&Sのマネージャー兼ニットデザイナーのサンドラ・マンソンさん。ニッティングベルトと金属針を使った伝統的な編み方を披露してくれました。　10：ワークショップで編んだ編み地。

　こうした技法的な工夫の背景には、フェアアイルニットがシェットランド地域の交易品として、つまり地域の産業として発展してきたことがあるのではないかと思います。製品を作る上ではいかに効率よく、スピーディに複雑な編み込みニットを編むか、が大切だからです。

　そしてその工夫のなかで生まれたもうひとつの技法的な特徴が、「スティーク」です。スティークとは、仮に編む切り代のこと。通常、ウェアはえりぐり、そでぐりなど穴になる部分で編み地が途切れるため、続けて編むことはできません。それを続けて編むために、あとで穴をあける部分にスティークを編むのです。フェアアイルニットのウェアの身頃は、スティークを加えることにより最初から最後まで輪編みを続けることができます。

　ではそのスティークはどうするかというと、なんと編み上げたあとで中心にはさみを入れて切り開くのです！初めて編み地にはさみを入れるときにはとても緊張するのですが、一度経験してみると、なるほどと納得すると同時に、編んでいる間から待ち遠しい楽しい瞬間のひとつになります。

　こんなふうに独特な特色をもつフェアアイルニットに私が出会ったのは、20年ほど前のこと。その美しさと編む楽しさに魅了され、イギリスから糸や洋書を取り寄せて勉強し、オーダーメイドニットの制作やニットカフェを主宰して生徒さんに教えるようになってからは15年ほどが経ちました。

　講師を続けるなかで、どうしたら編み物初心者の方でも失敗なく、簡単に、きれいに作品を仕上げられるか……と、生徒さんたちと一緒に多くの試行錯誤をくり返してきました。そのなかでわかってきたポイントやコツも含めて、フェアアイルニットを編むためのノウハウをまとめたのが本書です。

　この本を通じて、ひとりでも多くの方にフェアアイルニットのすばらしさが伝わることを願っています。

Blue & Brown　高橋亜子

この本の使い方

この本は、棒針編み（Knit）はできるけれど複数の色を使う編み込みは初めて、
という方はもちろん、棒針編み自体が初めてというビギナーの方にも
フェアアイルニッティングを楽しんでいただけるよう、
棒針編みの基本も含めフェアアイルニッティングに必要なテクニックや知識を解説しています。
ここではChapter 01〜03の各章の内容と使い方をご紹介します。

chapter 01
フェアアイルニットの基本

〈おもな内容〉

・フェアアイルニッティングを始めるときに必要な糸や道具のお話
・棒針編みの基礎知識や基本的な編み目の編み方

写真のほか、わかりやすいイラストを多用して解説します。編んでいる途中で編み方がわからなくなったときのガイドとしても使えます。

chapter 02
基礎からはじめるフェアアイルニット・レッスン

〈おもな内容〉

・テーマ作品を編みながらテクニックをマスターする、10のレッスン

徐々にレベルアップする作品の編み方手順やポイントを、写真で丁寧にたどりながら解説します。解説に沿って編むうちに、フェアアイルを編むために必要なテクニックがひととおり身につくよう構成されています。

chapter 03
アレンジ自在！ フェアアイル模様カタログ

〈おもな内容〉

・サイズや模様のアレンジ方法
・オリジナル模様集

掲載作品のサイズ調整をする簡単な方法や、模様の置き換え方法を紹介します。同じ形のベストでも、模様を変えればまったく違うデザインに！

この本で編めるもの

実際に編みながらフェアアイルニッティングのテクニックを練習していく「Chapter 02」では、小物からウェアまで、10のアイテムが登場します。

Lesson 01
スワッチ
→ P.26

太めの糸を使って、まずは編み込み模様を編む練習をします。

Lesson 02
リストウォーマー
→ P.33

小さな筒を編んで、輪編みの基本をマスターします。

Lesson 03
マフラー
→ P.41

長〜い筒を編んで、同じ模様を均一に編むトレーニングを。

Lesson 04
ミトン
→ P.46

「減らし目」を使って、立体的な形に挑戦します。

Lesson 05
帽子
→ P.54

立体第二弾。模様を編みながらドーム形を編みます。

Lesson 06
靴下
→ P.60

レッスンしたテクニックを生かして、複雑な立体にも挑戦。

Lesson 07
Vネックベスト
→ P.68

ウェア入門編。フェアアイルならではの「スティーク」も登場。

Lesson 08
クルーネックセーター
→ P.86

そでつきウェアの定番。完成時の達成感もひとしおです。

Lesson 10
Vネック前開きベスト
→ P.112

じつは難しいVネックの前立てが、レッスンのゴールです。

Lesson 09
クルーネックカーディガン
→ P.98

セーターに「前立て」をプラス。複雑な模様にも挑戦します。

Contents

- フェアアイルニットのこと 2
- この本の使い方 4
- この本で編めるもの 5

chapter 01
フェアアイルニットの基本

- フェアイルニットの少し特別な糸のお話 8
- こんな編み針を使います 10
  - COLUMN　輪針の便利な使い方 11
- 必要な道具・あると便利な道具 12
- はじめの一歩。2種類の作り目 14
  - COLUMN　「はしごレース」で別くさりの作り目を簡単に ... 17
- フェアアイルニットで使う基本の編み方・編み目 18
  - SPECIAL LESSON　編み目と記号図の基本 21

chapter 02
基礎からはじめるフェアアイルニット・レッスン

- Lesson 01　"スワッチ"を編んでみましょう 26
  - COLUMN　フランス式派には「ヤーンガイド」もおすすめ ... 29
- Lesson 02　リストウォーマーで輪編みをマスター 33
  - SPECIAL LESSON　「フェアアイル基本ゲージ」の編み方 40
- Lesson 03　長い筒を編んでマフラーに 41
- Lesson 04　リストウォーマーに指をつけてミトンに 46
- Lesson 05　減らし目ができれば、帽子も編める 54
  - COLUMN　渡り糸が長い模様を編むときは 57
- Lesson 06　靴下でテクニックのおさらいをする 60
  - COLUMN　ゴム編みいろいろ 67
- Lesson 07　ウェア入門編・Vネックベスト 68
  - SPECIAL LESSON　輪編みの「2目ゴム編み止め」講座 80
- Lesson 08　定番の一着！クルーネックセーター 86
- Lesson 09　ウェア中級編・クルーネックカーディガン 98
- Lesson 10　ウェア上級編・Vネックの前開きベスト 112

chapter 03
アレンジ自在！フェアアイル模様カタログ

- 模様とサイズのアレンジについて 116
- フェアアイル模様カタログ 117

〈テクニックさくいん〉

[あ行]
- 編み地を返す 28
- 糸端始末 32, 39
- 動く玉結び 28
- 裏目（アメリカ式） 20
- 裏目（フランス式） 20
- 裏目のねじり目 109
- 往復編み 21, 28
- 表目（アメリカ式） 19
- 表目（フランス式） 18
- 表目（フランス式＋アメリカ式） 19

[か行]
- かけ目 24
- ガーター編み 111
- ゲージ 40

[さ行]
- スティーク 75, 90, 103
- スティークの始末 84, 93
- スティーク部分の拾い目 81

[な行]
- 中上3目一度 23, 57
- 2色の2目ゴム編み 48
- ねじり増し目 23
- ねじり目の拾い目 52

[は行]
- 引き抜き編み 93
- 引き抜きはぎ 44
- 左上2目一度 22, 51
- 拾い目 17
- 伏せ止め（引き抜き止め） 24, 31
- 2目ゴム編み 35
- 2目ゴム編み止め 80
- ブロッキング 32
- 別糸にとって休める 49
- 別くさりの作り目 16, 72
- ボタン穴 108

[ま行]
- 巻き増し目 24, 49
- 右上2目一度 22, 50
- 水通し 31
- メリヤス編み 21

[や行]
- 指でかける作り目 14, 28

[わ行]
- 輪編み 21, 35

◎記載した寸法のうち、とくに記載がないものの単位はすべてcm（センチメートル）です。
◎使用糸の入手先などの情報は、巻末ページに記載されています。
◎使用糸の製品情報は2018年9月現在のものです。色数などは変更になる場合があります。

chapter 01

フェアアイルニットの基本

chapter 01

フェアアイルニットの基本

フェアアイルニットの少し特別な糸のお話

伝統的なフェアアイルニットは、シェットランドウールの糸で編まれてきました。シェットランドウールとは、「シェットランドシープ」から採れる羊毛です。シェットランドシープはスカンジナビアが発祥とされ、世界中に3000種以上いるという羊の品種のなかでもとくに古く、長い間シェットランド諸島で人の暮らしを支えてきた小型の羊です。

寒冷な気候で土地もやせていることから樹木は少なく、草も枯れる冬には荒涼とした大地が広がるシェットランド。その厳しい環境を、草がないときにはわずかな

苔を食べて生き延びてきた羊たちは、自らの身を守るために独特な性質をもつ被毛を手に入れたようです。

最大の特徴は、繊維の細さ。羊毛は繊維が細いほどやわらかく、また細い糸に紡いでも丈夫になります。体が小さいぶん1頭から採れる毛の量は少ないものの、上質な原毛から作られる糸や、その糸で編んだニット製品が、長い間シェットランド諸島に暮らす人たちの貴重な収入源となってきたのです。

現在では、シェットランドシープはシェットランド諸島以外でも飼育されていて、その原毛を使用した糸もいろいろなメーカーで作られています。でも、フェアアイルニットには、多くの場合シェットランドにあるふたつ

の糸メーカーの糸が使われています。私が普段使っているのも、ほとんどがこの2社のものです。

そのひとつが、5代に渡り糸作りを手がけ、いまではニット製品やウールの生地作りも手がける「Jamieson's of Shetland（ジェイミソンズ オブ シェットランド）」の「Spindrift（スピンドリフト）」。色数が200色以上あり、微妙な色合わせもできることが一番の魅力です。

そしてもうひとつは、シェットランド諸島で採れた原毛にこだわって糸作りを続ける「Jamieson & Smith（ジェイミソン＆スミス）」の「2ply Jumper Weight（2プライジャンパーウェイト）」を中心とする2ply（2本撚り）の糸。こちらは色数は90色ほどと少なめですが、より自然な風合いが楽しめる無染色のシリーズなどもあり、J&Sならではの魅力があります。

どちらの糸も、太さや1玉の重量はほぼ同じ。原毛の脂分を残して紡いでいるせいか、糸の段階では少しごわっとしていて繊維がからみやすいという特徴も共通しています。そしてこの特徴こそが、フェアアイルニットに最適な理由でもあります。繊維がからみやすいからこそ、切り代のスティークをハサミで切ってもほつれにくく、仕上げの水通しをしたときにフェルト化し、編み地がなじみ、安定します。

ちなみに、ごわっとした質感は、仕上げの水通しをすると驚くほどふんわり、やわらかく変化します。その変化もフェアアイルニットを編む大きな楽しみです。ただし繊維がからみやすいぶん、いったん編むとスムースな糸よりもほどきにくいという点は、要注意。私も編むときにはこまめにレシピをチェックして、なるべく編み直しが起こらないよう気をつけています。

この本では以上の2社の糸を「フェアアイルヤーン」と呼んでいますが、じつのところ、この2種類の糸は日本ではあまり入手しやすいとは言えません（入手方法は巻末ページ参照）。そこでより入手しやすい3種類の糸も取り入れました。それぞれの特徴は右ページの通り。好みや編みたいものに応じて使い分けていただければと思います。

この本で使用するおもな糸

この本でおもに使用する5種類の糸です。右側の糸の写真はほぼ実寸です。

chapter 01

フェアアイルニットの少し特別な糸のお話

ジェイミソン＆スミス　2プライジャンパーウェイト

ウール100％／1玉25g（115m）／色数：93色　日本では「中細」と呼ばれるくらいの太さです。日本の愛好者も多いようで、ラベルには日本語の説明もついています。

ジェイミソンズ オブ シェットランド　スピンドリフト

ウール100％／1玉25g（105m）／色数：225色　色数の多さは圧巻。その豊富な色にひとつひとつ、色番号だけでなく名前がついているのも素敵です。

パピー　ブリティッシュファイン

ウール100％（英国羊毛100％）／1玉25g（116m）／色数：30色　糸の質感、太さともにフェアアイルヤーンに近いことから、日本ではフェアアイルニットに使われることも多い糸です。

パピー　シェットランド

ウール100％（英国羊毛100％）／1玉40g（90m）／色数：38色　シェットランドウール100％の糸ですが、質感はフェアアイルヤーンと違いソフトでふっくら。太めなので初心者向きでもあります。

DARUMA　シェットランドウール

ウール100％（シェットランドウール100％）／1玉50g（136m）／色数：11色　こちらもシェットランドウール100％の糸で、あらかじめ水通ししてあるかのようにソフトな質感です。

こんな編み針を使います

フェアアイルニットは、編み地の編み始めと編み終わりをつなげて筒状にして、表側だけを見てぐるぐると編む「輪編み」をするのが基本です。2色のうち編まないほうの糸を裏側に渡すので、表側では模様ができあがっていく様子をつねに確認することができます。

棒針と聞いて、多くの人が思い浮かべるのは端に玉（ストッパー）のついた「玉つき2本針」かもしれません。でも、この針はストッパーがついているため、輪編みには使えません。輪編みをする場合には、両端ともとがった「ダブルポイント」と呼ばれる4本または5本組の棒針か、2本の針先が長いコードでつながった「輪針」を使用します。なかでも輪針は、編んでいるときに針から編み目が落ちる心配がないため、初心者向けでもあります。

針には竹製、金属製（私はおもにドイツのaddiというメーカーの針を使っています）などがあり、竹製は針先が丸く糸を割りにくい、金属製は針先がとがっていて糸のすべりがよいなど特徴の違いがあります。どちらが編みやすいかは人それぞれ。好みのものを選びましょう。

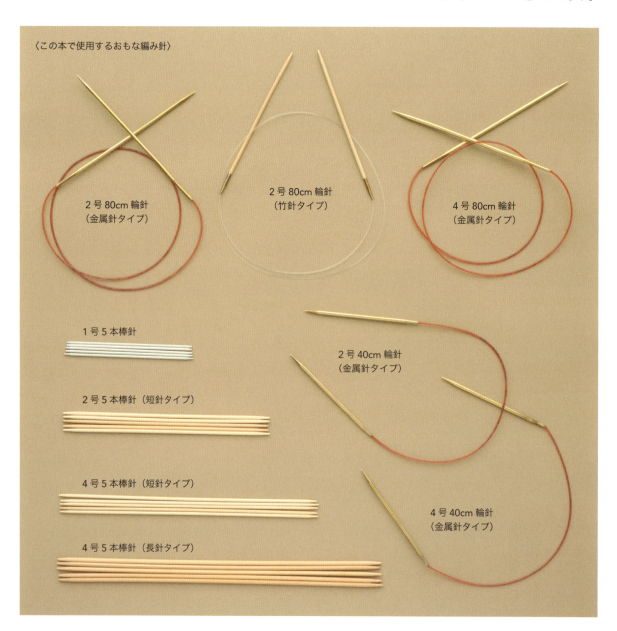

〈この本で使用するおもな編み針〉
- 2号 80cm 輪針（金属針タイプ）
- 2号 80cm 輪針（竹針タイプ）
- 4号 80cm 輪針（金属針タイプ）
- 1号 5本棒針
- 2号 5本棒針（短針タイプ）
- 4号 5本棒針（短針タイプ）
- 4号 5本棒針（長針タイプ）
- 2号 40cm 輪針（金属針タイプ）
- 4号 40cm 輪針（金属針タイプ）

輪針の選び方

　輪針には針先の太さのほかに、40cm、60cm、80cmといったコードの長さの種類があります。これは、輪針はコードも含めた針全体が編み目で埋まっていないと"輪"がつながらず、編めないため。逆に、短すぎてもコードにぎゅっと編み目が詰まって編みづらくなります。そのため帽子には40cm、ウェアの身頃には80cmといったように、編むものに合わせて使い分けます。最近では小物用のとても短い輪針も市販されていますが、とくに初心者が小物を編むなら輪針より短いダブルポイントのほうが編みやすくおすすめです。

　私の教室で、生徒さんたちにそろえておくことをすすめているのは、1～4号の40cm輪針と80cm輪針です。これだけあれば、フェアアイルニットはたいていカバーできます。

　輪針にはコード部分を付け替えられるタイプもあり、付け替え式であれば、1～4号の針先を2本ずつそろえ、コードは40cmと80cmを1本ずつ用意する、ということも可能です。

輪針は編むものの寸法（円周）より少し短い長さを使用するのが基本です。

COLUMN

輪針の便利な使い方

　編むものの寸法に合わせた長さを使う、という基本的な使い方に対して、長めの輪針でいろいろな寸法の筒を編むという裏技的な使い方もあります。それが「2本使い」と「マジックループ」。

　「2本使い」は下の写真ⓐのように、同じ号数の輪針2本に編み目を半分ずつ分けて編む方法です。編むときは、つねに1本の輪針の左右の針を使い、2本の輪針で交互に編みます。

　「マジックループ」は長い輪針1本を使い、余ったコードを編み始めと段の中央から引き出しておく方法。引き出したコードの位置にきたらコードの配分を調整し、たるみを保って編みます。

　どちらも輪針の用途を広げてくれる便利な編み方で、「この方法を知ってからはなんでも輪針で編むようになった」という人もいるほど。編み物好きの間で人気のテクニックです。

輪針「2本使い」の輪編み。編み目を半分ずつ①と②の輪針に分け、①の編み目は①、②の編み目は②で編みます。

「マジックループ」の輪編み。左の写真のように編み始めと中間の位置にコードを引き出して編み始め、中間まで編んだら（右の写真）編み地を返し、コードが左の写真の状態になるように調整して続きを編みます。

chapter 01 フェアアイルニットの基本

必要な道具・あると便利な道具

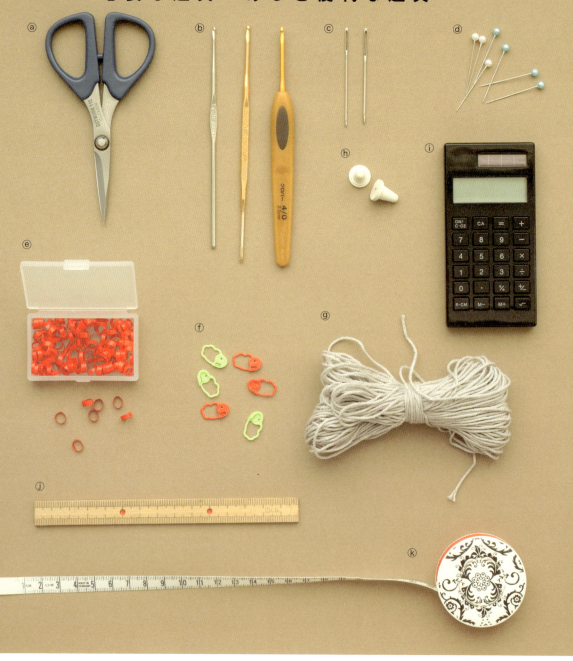

〈必要な道具〉
ⓐはさみ：糸を切るときに使います。糸専用の切れ味のよいものを。
ⓑかぎ針：ウェアの編み始めで別くさりの作り目を作るときや、編み終わりの目を伏せ止めするときに使います。フェアアイルニットに使用するのは、おもに2/0号と4/0号のものです。
ⓒとじ針：糸端始末の必需品。使用する糸に合わせた太さのものを。
ⓓまち針：完成後、水通しした編み地を乾かすとき、仕上がり寸法にするためまち針で固定します。編み物用の太いまち針より、裁縫用の細いまち針のほうが、編み地への影響が少なくおすすめです。
ⓔ目数リング：編み始め、身頃の中心など、位置の目安になる目の前後で編み針に通しておいて目印にする道具。フェアアイルニットは細い針で編むので、私は直径5mm程度のストローを幅2mmくらいの輪切りにして使用しています。軽いので編むときにじゃまにならず、好きな色や目立つ色のものが手軽に作れて便利です。
ⓕ段数マーカー：編み目にひっかけて位置の目印にする道具。安全ピンのようなロック式のものが着脱しやすく便利。形状もかわいいものがいろいろ市販されています。
ⓖ別糸：別くさりの作り目をするときにくさり編みを編んだり、休ませておく編み目がほどけないように移しておいたり、何かと活躍します。編み糸と同じくらいの太さの糸ならいいのですが、毛糸とからみにくいコットンの糸やタコ糸がおすすめです。
ⓗストッパー：休憩するときなどに、編み目がほどけないよう針先につけておく道具。使う針に合ったサイズのものを。

12

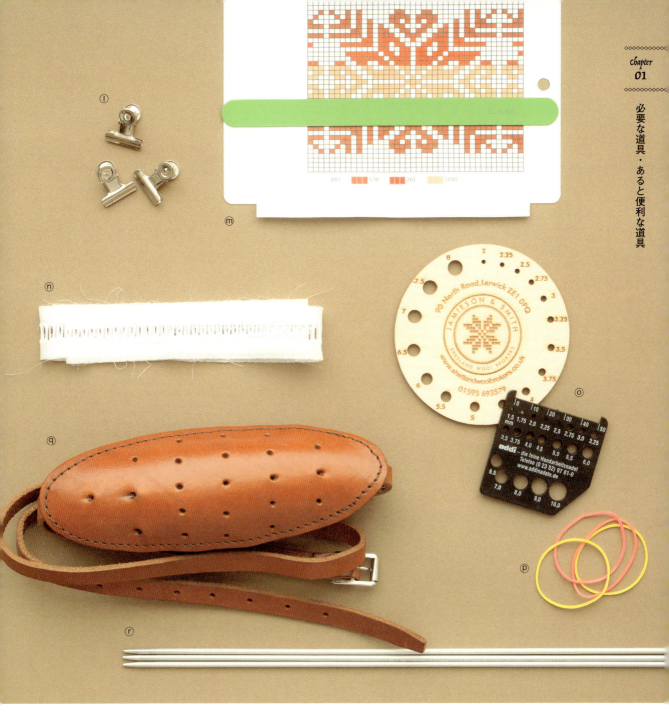

chapter 01

必要な道具・あると便利な道具

ⓘ計算機：編み目や段数の合計を計算したり、ゲージ（編み目の大きさの目安）を確認したりするときの必需品。
ⓙ定規・ⓚメジャー：ゲージを確認したり、編み地の寸法を測ったりするときに。

〈あると便利な道具〉
ⓛ目玉クリップ：ⓝのはしごレースを使用した別くさりの作り目から拾った目を輪にする際、レースの端同士を固定します。
ⓜマグネットマーカー：マグネットつきのマーカーとメタルボードのセット。写真のように記号図をはさみ、いま編んでいる段にマーカーをあてておくと、読み取り作業が楽に、正確になります。
ⓝはしごレース：別くさりの作り目は、拾い目から編み始めの数段までが編みにくいのが難点。それを解消できるアイテムを探してたどりついたのが、手芸用のはしごレースでした。詳しい使い方は P.72 参照。
ⓞニードルゲージ：穴に針を差し入れて太さを測る道具です。
ⓟ輪ゴム：セットの針をまとめたり、はしごレースのあまり分を束ねたり。用意しておくと何かと役立ちます。

〈番外編〉
ⓠニッティングベルト・ⓡ金属製の長針：シェットランドで古くからフェアアイルニッティングに使われてきた道具です。クッションが脇腹にくるようベルトを腰に巻き、クッションの穴に長い金属針の片方を差して固定した状態で編みます。いまは輪針を使う人も多いそうですが、現地でこの道具を使ってものすごいスピードで編む編み手さんを見て、とても驚きました。

はじめの一歩。2種類の作り目

フェアアイルニットにかぎらず、棒針編みをするとき、最初に必ず行うのが「作り目」です。作り目とは、これから編んでいく編み目の土台を作る作業のこと。作り目にはさまざまな方法がありますが、フェアアイルニットでおもに使用するのは、日本でもっとも一般的な「指でかける作り目」と、別の糸で編んだくさり編みから編み出す「別くさりの作り目」です。

まずはこの2種類の作り目をマスターしましょう。初めて練習するときは、太めの糸と、その糸に合った号数の棒針、かぎ針を使用するのがおすすめです。

A・指でかける作り目

1 使用する毛糸を用意して、糸端を引き出します。糸端は糸玉の内側か外側の、引き出しやすいほうから出しましょう。

POINT! 糸玉はケースに入れるのがおすすめ

糸端を糸玉の外側から取ると、編むときに糸玉が転がって不便だし、床を転がると糸も汚れそう。ところがフェアアイルヤーンは、内側の糸端が見つけにくいのです。そこで私は、糸端は糸玉の外側から取り、糸玉をかごなどに入れて編んでいます。模様編みの糸同士がからまりにくくもなり、一石二鳥。糸の引き出し口つきの「ヤーンケース」「ヤーンホルダー」などと呼ばれる専用のケースもあります。

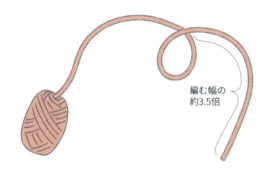

2 糸端から、これから編む編み地の幅の約3.5倍の長さの位置で輪を作ります。

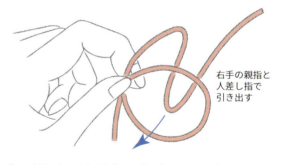

3 輪の根元を左手親指と人差し指でおさえ、右手の親指と人差し指で輪の内側から糸端側の糸を引き出します。

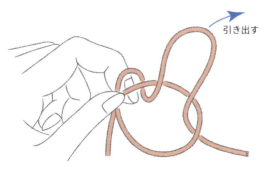

4 そのまま糸端側の糸をループ状に引き出します（糸端を引き出してしまわないよう注意）。

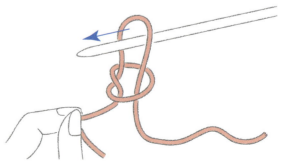

5 引き出したループに実際に編む針より1号太い針1本（または同じ太さの針2本）を差し入れます。

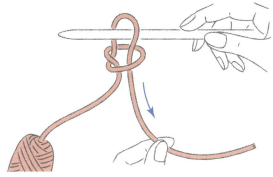

6 糸端側の糸を引いてループを引きしめます。

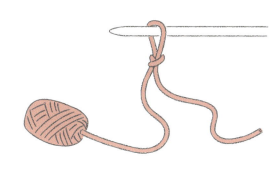

7 作り目の1目めができました。この最初の目は**スリップノット**と呼ばれます。

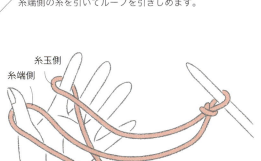

8 糸端側の糸を左手の親指、糸玉側の糸を左手の人差し指に、図のようにかけます。

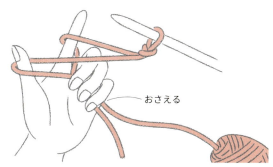

9 左手の残り3本の指で2本の糸をおさえます。

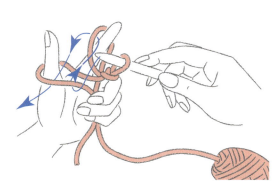

10 棒針を矢印のように動かして針先に糸をかけていきます。

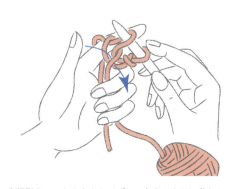

11 親指をいったん糸からはずし、矢印のように動かしてもう一度糸を指にかけます。

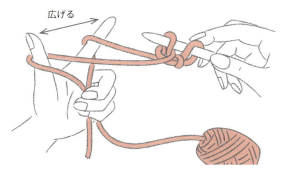

12 親指と人差し指の間隔を広げて糸を引きしめると、2目ができあがります。

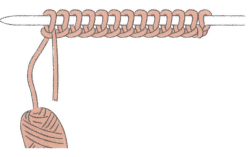

13 必要な目数になるまで10〜12をくり返せば、指でかける作り目の完成です。これが1段めになります。

chapter 01

はじめの一歩。2種類の作り目／A・指でかける作り目

B・別くさりの作り目

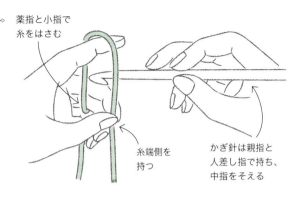

別くさりの作り目は、別糸で作ったくさり編みの「裏山」を拾って編み始める方法です。別糸をあとでほどき、残った目を棒針にとって縁などを編みつける場合に使います。くさり編みを作る際には、糸に合った太さのかぎ針を使用します。くさり編み用の糸の太さは使用する毛糸と同じくらい、素材はほどきやすいコットンの糸がおすすめです。

まずは左の図のように別糸とかぎ針を構えて、くさり編みから始めましょう。

①別糸でくさり編みを編む

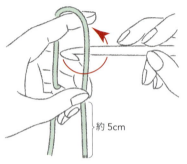

1 / かぎ針を手前にある糸の向こう側にそえ、矢印のように回します。

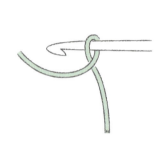

2 / 回転すると、図のように針先に糸が巻きつきます。

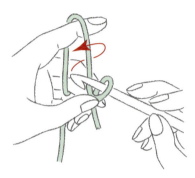

3 / 輪の根元を左手の親指と人差し指でおさえ、かぎ針を矢印のように動かして針先に糸をかけます。

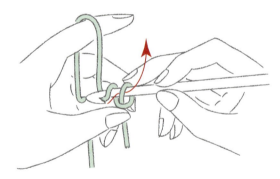

4 / かけた糸を針先と一緒に輪から引き出します。

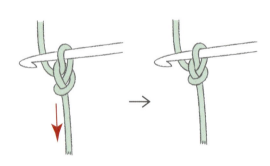

5 / 糸端を引いて輪を引きしめると最初の目が編めますが、これは1目とは数えません。

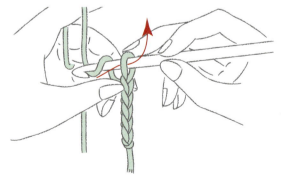

6 / 3〜5をくり返して、必要な目数になるまでくさり目を編みます(拾い目をしやすいよう少し多めに編む)。

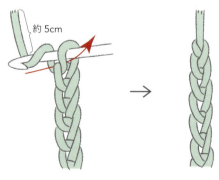

7 / 最後の目を編んだら糸は5cm程度残して切り、最後にもう一度かぎ針に糸をかけて引き抜きます。

POINT! くさり編みの編み目の見方と「拾い目」

くさり編みの編み目は、くさりの形に見えるほうが表側です（右図上）。これをひっくり返すと裏側（右図下）で、裏側の中央にあるこぶの連なりを「裏山」と呼びます。

別くさりの作り目では、この裏山に棒針を入れて編み糸を引き出していきます（このように別の目に棒針を入れて編み目を作る作業を「拾い目をする」といいます）。

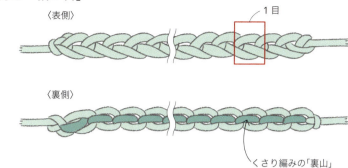

〈表側〉　1目
〈裏側〉
くさり編みの「裏山」

②くさり編みから拾い目をする

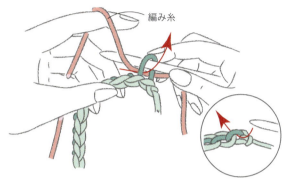

編み糸

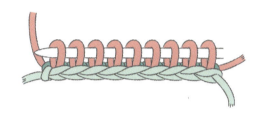

8 編み糸とくさり編み、棒針を図のように持ち、くさり編みの端の裏山に棒針を入れ、編み糸をかけて引き出します。

9 裏山に棒針を入れて編み糸を引き出す（拾い目をする）動作を、必要な目数になるまでくり返せば、作り目のできあがり。棒針にかかった目が1段めになります。

COLUMN

「はしごレース」で別くさりの作り目を簡単に

別くさりの作り目を使用するのは、おもにウェアを編むときです。身頃の編み始めを別くさりの作り目にしておき、あとでほどいてすそのゴム編みを編むのですが、こうしておくと身頃の丈が予定より短かったときにゴム編みの長さで調整したり、着脱による摩擦で傷みやすいすそをゴム編み部分だけほどいて編み直したりすることができ、便利なのです。ただ、段数が少ないうちは編みづらいのが難点。なんとか初心者でも楽に編めないものか……と試行錯誤して見つけたのが「はしごレース」です。はしごレースを使う方法なら、別くさりの作り目からの編み出しが格段に楽。詳しい方法は72ページでご紹介しています。

はしごレース

手芸店などで手に入る「はしごレース」を使うと、別くさりの作り目からの拾い目や編み出しが楽になります。

フェアアイルニットで使う基本の編み方・編み目

2種類の構え方

棒針編みの糸と針の持ち方（構え方）には、おもに「フランス式」と「アメリカ式」があります。単色で編む場合は好きな方法でよいのですが、フェアアイルニットのように2色（2本）の糸を交互に編む場合、両方を片手で持つと糸がからまってしまいます。スムーズに編むには、糸を両手で持ち分ける「フランス式＋アメリカ式」がおすすめです。それぞれの構え方と、基本の編み目である「表目」と「裏目」の編み方をマスターしておきましょう。

フランス式の構え方

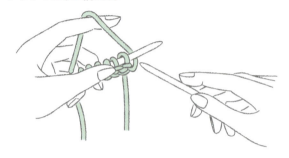

編み地を左手に持ち、編み糸を左手人差し指に図のようにかけます。糸は薬指と小指の間にもはさみ、ゆるみを防ぎます。

アメリカ式の構え方

編み地を左手に持ち、編み糸を右手人差し指に図のようにかけます。こちらも糸は薬指と小指の間にもはさみ、ゆるみを防ぎます。

表目　編み目記号 |　フランス式の編み方

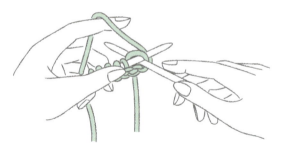

1 ／ 編み糸を左針の向こう側に置き、右端の目の手前から右針を図のように差し入れます。

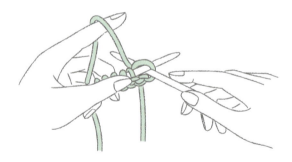

2 ／ 右針の先で人差し指にかかった糸を上側からすくいます。

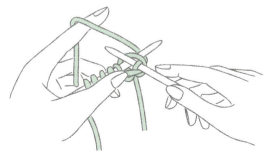

3 ／ すくった編み糸を、左針の目から図のように手前に引き出します。

4 ／ 左針を目からはずし、編み糸をほどよく引きしめたら1目編めます。1からここまでをくり返して編みます。

| 表目 | 編み目記号 | | アメリカ式の編み方

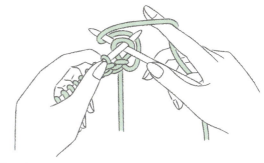

1 編み糸を左針の向こう側に置き、右端の目の手前から右針を図のように差し入れます。

2 右針の先に編み糸を向こう側から手前へと巻きつけます。

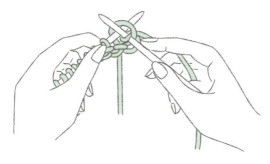
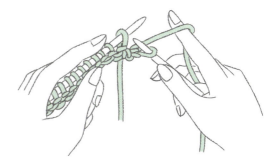

3 巻きつけた編み糸を、左針の目から図のように手前に引き出します。

4 左針を目からはずし、編み糸をほどよく引きしめたら1目編めます。1からここまでをくり返して編みます。

| 表目 | 編み目記号 | | フランス式＋アメリカ式の編み方　フェアアイルニットを編むときの基本の編み方です

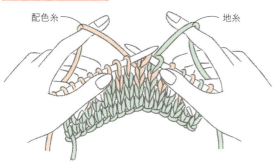
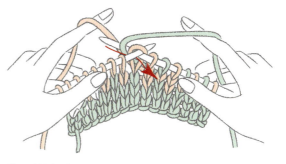

1 模様のベースになる「地糸」を右手、差し色になる「配色糸」を左手に持ち、図のように構えます。

2 地糸で編む目は、右手の糸で表目を編みます。編まない配色糸は、必ず編み地の向こう側で待機させます。

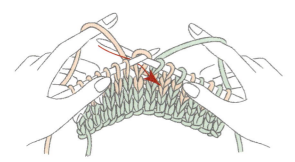
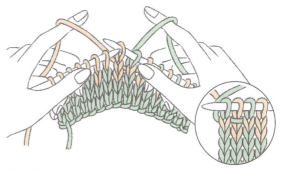

3 配色糸で編む目は、左手の糸で表目を編みます。編まない地糸は、やはり編み地の向こう側で待機させます。

4 編まないほうの糸が模様の手前を横切っていないか、確認しながら編み進めます（編まない糸を編み地の手前に置いて編むと、その糸が右下図のように編み地の手前に出ます）。

chapter 01
フェアアイルニットで使う基本の編み方・編み目

chapter 01

フェアアイルニットの基本

| 裏目 | 編み目記号 ― | フランス式の編み方 |

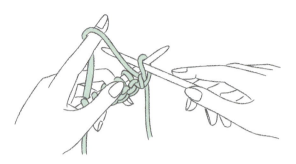

1 / 編み糸を編み地の手前に置き、右端の目の向こう側から右針を図のように差し入れます。

2 / 右針の先で、人差し指にかかった糸を上側から巻きつけるようにすくいます。

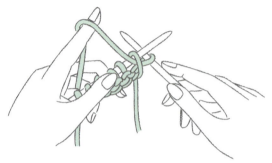

3 / すくった編み糸を、左針の目から図のように引き出します。

4 / 左針を目からはずし、編み糸をほどよく引きしめたら1目編めます。1からここまでをくり返して編みます。

| 裏目 | 編み目記号 ― | アメリカ式の編み方 |

1 / 編み糸を編み地の手前に置き、右端の目の向こう側から右針を図のように差し入れます。

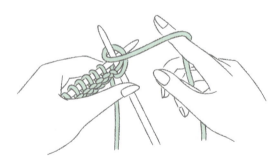

2 / 右針の先に、編糸を図のように巻きつけます。

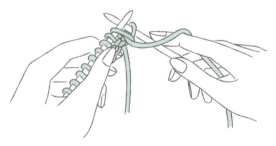

3 / 巻きつけた編み糸を、左針の目から図のように引き出します。

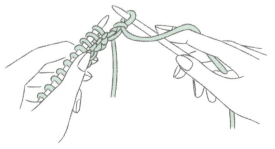

4 / 左針を目からはずし、編み糸をほどよく引きしめたら1目編めます。1からここまでをくり返して編みます。

SPECIAL LESSON

編み目と記号図の基本

棒針編みの基本の編み目である表目と裏目は、同じ編み目を表から見たときと裏から見たときの状態です。ここで、編み目のしくみや数え方、そして作品の設計図である「記号図」の見方を知っておきましょう。

編み目の形

表目と裏目の編み目の形と1目・1段の数え方は、右の図の通り。「目」は編み目が横にいくつ並んでいるかを数えるとき、「段」は縦にいくつ並んでいるかを数えるときの単位です。針にかかった目のループは「**ニードルループ**」、目と目の間に渡っている糸は「**シンカーループ**」と呼ばれます。ニードルループは、右側が針の手前にあるのが正しい状態です。

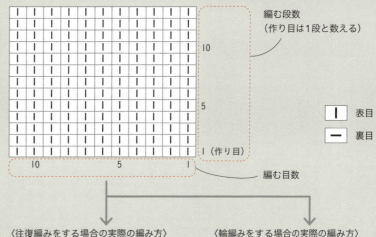

〈表目の見方と数え方〉　　　〈裏目の見方と数え方〉

表目だけで構成された編み地は「メリヤス編み」と呼ばれます。

裏目だけで構成された編み地は「裏メリヤス編み」と呼ばれます。

記号図の見方

「記号図」とは、編み目を記号であらわした「編み目記号」を1マスが1目をあらわす方眼に並べ、編み方を示したもの。記号図を見ればひと目で編み方がわかる便利なものですが、注意が必要なのは"編み地を表から見た状態をあらわしている"こと。

下から上へと順に編んでいくことは共通ですが、1段ごとに編み地を裏返して編む「**往復編み**」と、フェアアイルニットのように表側だけを見て編む「**輪編み**」では図の見方が違ってきます。その違いを「**メリヤス編み**」の記号図の場合で見てみましょう。

ある記号図の編み地を往復編みするか輪編みするかは、段数の隣に記載された編み進む方向を示す矢印の向きで判別できます。

〈メリヤス編みの記号図〉

| 表目
— 裏目

〈往復編みをする場合の実際の編み方〉

奇数段は表を見て右から左へ、偶数段は裏を見て右から左へと編むため、編み方向を示す矢印が1段ごとに左右反転します。裏を見て編む場合、記号も裏返し（表目の記号なら裏目を編む）にするのがポイント。

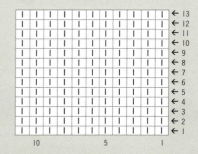

〈輪編みをする場合の実際の編み方〉

表だけを見て、右から左へとらせん状に編み進むため、編み方向を示す矢印はつねに同じ向き。記号図は見た目通りに編むことができます。フェアアイルニットは輪編みが基本なので、こちらの見方がほとんどです。

chapter 01 フェアアイルニットの基本

〈減らし目〉

右上2目一度 編み目記号 入 　右側の目が手前になるように表目2目を1目にまとめる減らし目の方法です

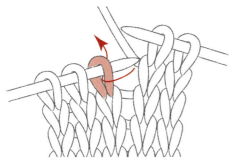

1 / 左針の目に表目を編むように右針を入れ、そのまま編まずに右針に移します。

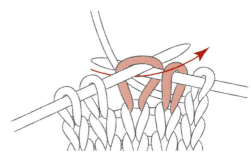

2 / 次の目は表目を編みます。

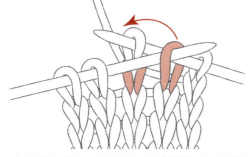

3 / 1で右針へ移した目に図のように左針を入れ、2で編んだ目にかぶせます。

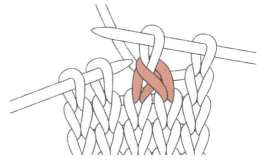

4 / 右上2目一度ができました。右側の目が手前（上）になって2目が重なっています。

左上2目一度 編み目記号 人 　左側の目が手前になるように表目2目を一緒に編んで1目にまとめる減らし目の方法です

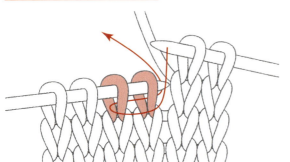

1 / 左針の2目に表目を編むように右針を入れます。

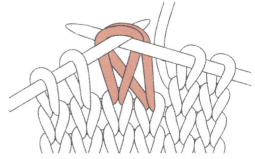

2 / 針を入れたところです。

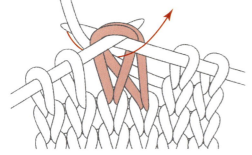

3 / そのまま右針に糸をかけ、2目一緒に表目を編みます。

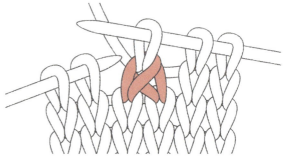

4 / 左上2目一度ができました。左側の目が手前（上）になって2目が重なっています。

| 中上3目一度 | 編み目記号 ∧ | 中央の目が一番手前になるように表目3目を1目にまとめ、2目減らす減らし目の方法です |

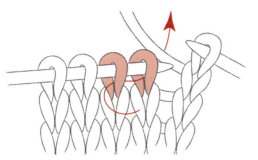

1 / 左針の2目に表目を編むように右針を入れ、そのまま編まずに右針に移します。

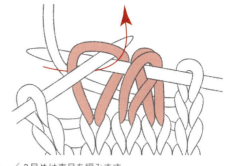

2 / 3目めは表目を編みます。

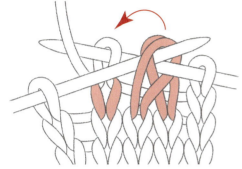

3 / 1で右針へ移した目に図のように左針を入れ、2で編んだ目にかぶせます。

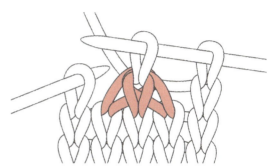

4 / 中上3目一度ができました。中央の目が手前（上）になって3目が重なっています。

〈増し目〉

| ねじり増し目 | 編み目記号 Ω | 表目と表目の間に渡るシンカーループをねじって表目を1目編みつける増し目の方法です。編み地の左端で行う場合は左右対称にしますが、本書では右端で行う方法のみ使います |

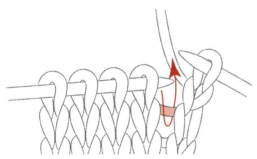

1 / 次の目との間の渡り糸（シンカーループ）を左針で矢印のようにすくいます。

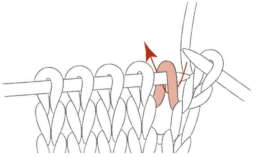

2 / すくった糸に、矢印のように右針を入れます。

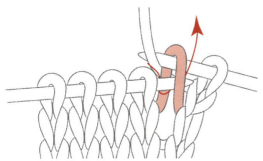

3 / 右針の先に糸をかけ、表目を編むように引き出します。

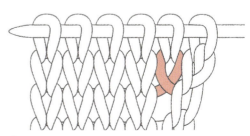

4 / ねじり増し目ができました。

chapter 01
フェアアイルニットの基本

かけ目 編み目記号 ◯

右針に編み糸をかけて1目分とする増し目の方法です。かけ目をした部分には1目分穴があきます

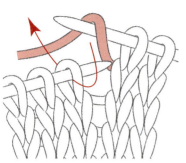
1 右針の先に編み糸を手前から向こう側へかけ、次の目は通常通りに編みます。

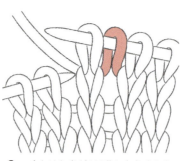
2 かけた糸が1目分になりました。これがかけ目です。

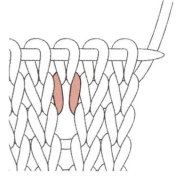
3 次の段では、かけ目をした目も1目分として編みます。かけ目をした位置には穴があいています。

巻き増し目 編み目記号 ⓜ

編み糸を針に巻きつけて新たに目を作り、2目以上増やす方法です。
フェアアイルニットではスティークの編み始めなどで、編み地の左側で行います

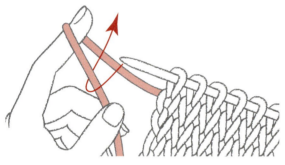
1 編み糸を左手の人差し指に図のようにかけ、右針で矢印のようにすくい、糸を引きしめると1目できます。

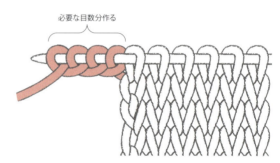
必要な目数分作る
2 必要な目数分、1をくり返します。次の段を編むときに針が入る程度に引きしめるのがコツです。

〈目の止め方〉

伏せ止め（引き抜き止め） 編み目記号 ●

編み終わりの目を止めるベーシックな方法です。棒針でもできますが、かぎ針を使うとより簡単です

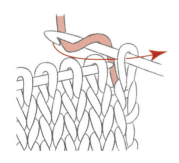
1 1目めに表目を編む要領でかぎ針を入れ、糸をかけて矢印のように引き抜きます。

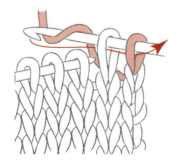
2 2目めにも表目を編む要領でかぎ針を入れ、糸をかけて2目から一度に引き抜きます。

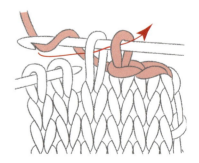
3 2をくり返して止めます。最後はかぎ針に残った1目から糸端を引き抜きます。

chapter 02

基礎からはじめる
フェアアイルニット・レッスン

chapter
02

基礎からはじめるフェアアイルニット・レッスン

Lesson
01
"スワッチ"を編んでみましょう

　まずはじめに、小さな"スワッチ"を編んでみましょう。スワッチは編み地や生地の見本のことで、編み物の場合、小さな試し編みの編み地をさします。この試し編みは、編むときの手加減を調整したり、編み目の様子がイメージ通りになるかどうかを確認したりする、とても大切なプロセスです。試し編みをしておくことで、いきなり作品を編み始めて失敗し、ほどいて何度もやり直す……ということが少なくなります。ここではまず、2色の編み込みに慣れるため、本来のフェアアイルヤーンより太めの糸で簡単な編み込み模様を編んでみましょう。

Lesson 01 "スワッチ" を編んでみましょう

[材料と道具]

使用糸：パピー　シェットランド
　A糸　ベージュ（7）5g
　B糸　こげ茶（5）5g
　C糸　マスタード（2）3g
使用針：5号棒針（玉つき2本針または両先針2本）
その他の道具：はさみ、とじ針、5/0号かぎ針
ゲージ：メリヤス編みの編み込み模様　21目×25段（10cm四方）
サイズ：幅9.5cm　長さ10.5cm

[編み方図]

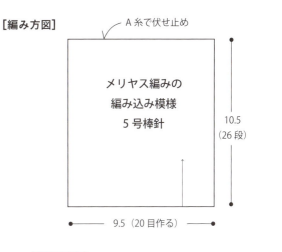

- A糸で伏せ止め
- メリヤス編みの編み込み模様 5号棒針
- 10.5（26段）
- 9.5（20目作る）

POINT! 「編み方図」の見方

棒針編みのレシピには、必ず上図のような「編み方図」が記載されています。この図には、作品を編むために必要な次のような情報がまとめられています。

① 編む目数・段数
② 編み始め位置と編み進む方向
③ 編み地の種類
④ 使用する針の号数と種類
⑤ 編み終わりの目の止め方

編み始める前に必ずこの図をチェックして、編み始めてからは記号図とあわせて確認しながら編み進めます。

[編み方ガイド]

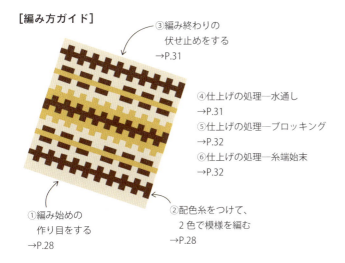

① 編み始めの作り目をする →P.28
② 配色糸をつけて、2色で模様を編む →P.28
③ 編み終わりの伏せ止めをする →P.31
④ 仕上げの処理—水通し →P.31
⑤ 仕上げの処理—ブロッキング →P.32
⑥ 仕上げの処理—糸端始末 →P.32

[記号図]

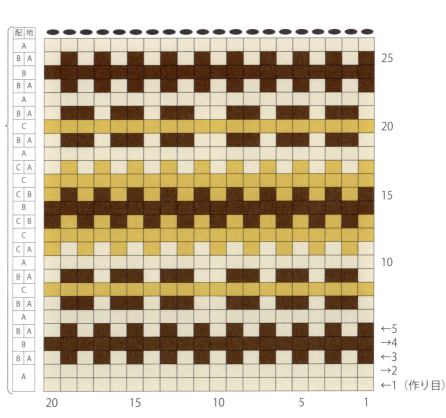

この表は、使用糸ガイドです。「地」は地糸（右手に持つ）、「配」は配色糸（左手に持つ）を表し、段ごとに使用する2色の組み合わせを表示しています（1色の段は使用色のみ表示）。

□ = | 表目
● 伏せ止め

A色（7）
B色（5）
C色（2）

27

①編み始めの作り目をする

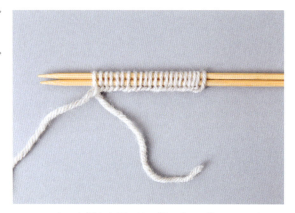

1 A糸の糸端から編み地の幅の約3.5倍、40cmくらいのところにスリップノットを作り、5号針2本で**指でかける作り目**（→P.14）をして20目作ります。これが1段め。

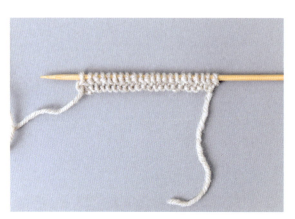

2 このスワッチは**往復編み**で編みます。2段めは編み地の裏を見て編むので、針を1本抜き、作り目を左右逆に持ち替え（この動作を**編み地を返す**といいます）、A糸で裏目を1段編みます。写真は編み終わったところです。

②配色糸をつけて、2色で模様を編む

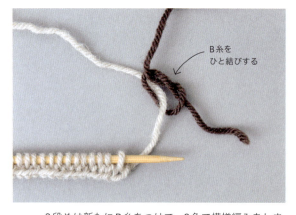

3 3段めは新たにB糸をつけて、2色で模様編みをします。編み地を返し、A糸（地糸）にB糸（配色糸）を写真のようにひと結びします。糸端は5cm程度。

4 結び目を引きしめ（㋐）、A糸の根元に寄せます（㋑）。こうして新たに足した糸を固結びせず仮止めしておくと、結び目が動くので編み進むうちにゆるんできてもすぐに引きしめることができます。これが**動く玉結び**。新たに糸をつけるときの基本の方法です。糸をつける相手は、前段で切った糸があるときはその糸端に、ないときは一番近くにある編み糸、または糸端につけます。

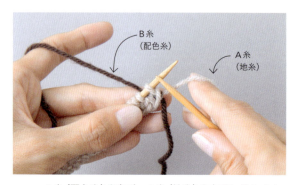

5 B糸（配色糸）を左手、A糸（地糸）を右手に持ちます。

POINT! 地糸と配色糸の持ち方

地糸と配色糸を左右に分けて持つ場合、地糸を右手で持ったほうが、模様がきれいに出るようです。持ち方に決まりはないのですが、編んでいる途中で左右を変えてしまうと模様の出方が変わってしまうので、一度持ち方を決めたら、そのまま編み続けるようにしましょう。

〈3〜5段めの部分記号図〉

6 3段めは、上の記号図のような模様を編みます。1目めはB糸なので、B糸で表目を1目編みます。

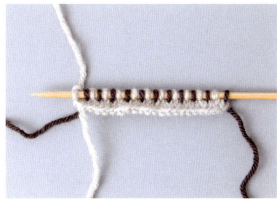

7 2目めはA糸で表目を1目編みます。編んだあとは、必ずA糸の編み糸を編み地の向こう側に置いてから次の目を編みましょう。

8 記号図の通りにA糸とB糸で3段めを編みます。写真は編み終わったところです。

> POINT! **渡り糸は必ず編み地の向こう側へ！**

2色でメリヤス編みの編み込みをすると、1色の編み目の裏側には、つねに休んでいるほうの色の糸が渡っています。それが**渡り糸**。もしも、編み目を編むときに休めている糸が編み地の手前に出ていると、下の写真のように渡り糸も編み地の手前に出てしまいます。とくに左手で持っているほうの糸は編み地の手前に出やすいので、次の目を編む前に必ず編み地の向こう側へ移すことを習慣にしましょう。

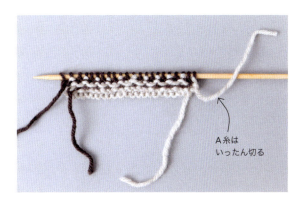

9 編み地を返し、4段めはB糸で裏目を1段編みます。使わないA糸は、糸端を5cmくらい残して切っておきます。

> POINT! **糸端は編み目がほどけない長さに**

切った糸の糸端は、最後にまとめて始末します。短すぎると編み目がほどけてしまうので、5cm程度残しておきます。

COLUMN

フランス式派には「ヤーンガイド」もおすすめ

　編み込み模様は編み糸を2本とも左手で持って編むこともできるのですが、しだいに糸がからまってしまうのが難点。その難点を解消してくれるのが、「ヤーンガイド」という便利アイテムです。これは、ガイドに糸を通して左手の人差し指にはめて編むことで、糸がからみにくくなるというもの。フランス式の編み方に慣れている人なら、試してみる価値ありの編み物グッズです。

chapter 02

基礎からはじめるフェアアイルニット・レッスン

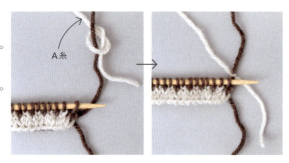

10 5段めは再びA糸とB糸の2色で編みます。編み地を返し、**動く玉結び**の方法で今度はB糸にA糸をつけます。

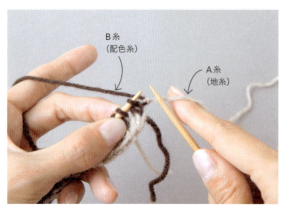

11 B糸（配色糸）を左手、A糸（地糸）を右手に持ちます。つねに左手には配色糸、右手には地糸を持つように注意しましょう。

〈5〜8段めの部分記号図〉

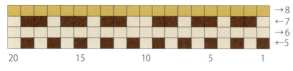

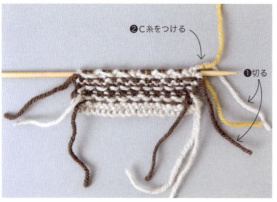

12 記号図にしたがって段ごとに糸を替えながら、7段めまで編みます。編み終わったら、8段めはC糸1色で編むので、いったんA糸、B糸ともに糸端を5cm程度残して切り、どちらかの糸にC糸を**動く玉結び**の方法でつけます。

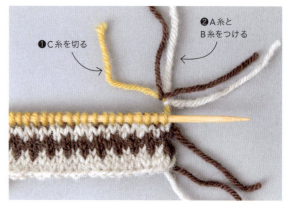

13 C糸で裏目を1段編んで表に返し、C糸を切り、糸端に次の段で使うA糸、B糸をつけます。

〈8〜26段めの部分記号図〉

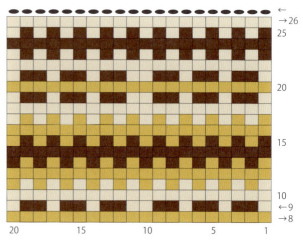

14 さらに記号図にしたがって段ごとに糸を替えながら、最終段まで編みます。

POINT! 地糸と配色糸の区別

12〜16段めのように当初の地糸以外の2色で編む場合、どちらの色を地糸にしてもかまいません。ただし、段が変わったときなどに左右が逆にならないように、注意しましょう。

③編み終わりの伏せ止めをする

15 編み終わりの目は5/0号かぎ針を使った**伏せ止め**で止めます。まず、かぎ針を1目めに表目を編むように入れます。

16 かぎ針に糸をかけ（㋐）、くさり編みの要領で矢印のようにループから引き抜きます（㋑）。

17 次の目にも表目を編むようにかぎ針を入れ（㋐）、糸をかけて引き抜きますが、今度は針先にかかった2本のループから同時に引き抜きます（㋑）。

18 伏せ止めが1目できました（㋐）。**17**を最後の目までくり返します（㋑）。㋐で針にかかったループを編み地の1目の幅に合わせるのが、きれいに止めるコツ。

19 糸端を10cm程度残して切り、残ったループから引き出して（㋐）、引きしめれば完成です（㋑）。

20 完成したスワッチです。左右には、途中で替えた糸の糸端がたくさん残っています。

④仕上げの処理―水通し

21 糸始末をする前に、仕上げの**水通し**をします。作品が入る大きさのボウル（ウェアなど大きなものの場合は、たらいや洗面器、洗面ボウル）にお風呂のお湯程度（38〜40℃）のぬるま湯をたっぷり入れ（㋐）、作品を入れて湯につけた状態で縦、横に伸ばします（㋑）。ここで編み地の裏の渡り糸を伸ばすことで、編み地や編み目が整い、全体的に編み上がったときよりも少し大きくなります。繊維がからみやすいフェアアイルヤーンの場合、糸端からほどけることはないので、気にせずしっかり伸ばしましょう。

22 さらに湯の中で全体をまんべんなくもみ洗いします。表面の毛足同士がからんでフェルト化するように、しっかりと。ここでフェルト化させることで、伸びた編み地が少し縮みます。

23 タオルなどにはさんで、しっかり水気を切ります。ウェアなどの大きなものは、洗濯機で20秒ほど脱水しても。

⑤仕上げの処理―ブロッキング

24 床にバスタオルなどを敷き、その上に広げて干します。このとき仕上がり寸法になるように大きさを整え、周囲を細かくまち針でとめます。このように水通しした作品の大きさを整え、まち針などで固定して乾かす作業を**ブロッキング**と呼びます。

⑥仕上げの処理―糸端始末

25 完全に乾いたら、**糸端始末**をします。

26 糸端をとじ針に通し(㋐)、編み地の裏側で同じ色の編み目に通し(㋑・㋒)、糸端を短く切ります(㋓)。

POINT! 外から見えない箇所の糸端始末

糸端始末は作品が大きくなるほど糸の数が多くなり、大変なもの。完成時に外から見えない部分にある糸端は、近くにある2本の糸同士を固結びして糸端を1cmくらいに切るだけでもOKです。

27 できあがり。

Lesson 02
リストウォーマーで輪編みをマスター

　本来フェアアイルニットは、編み地を筒状にしてつねに表側だけを見て編む「輪編み」で編みます。模様を見ながら編めるので間違えにくく、早く編めるのです。ただ、最初に筒状にするまでの手順や、1段分の編み目を3〜4本の針に分けて編んでいく方法などは、なじみがないと難しく思えてしまうもの。そこで、フェアアイルヤーンで筒を編むという、フェアアイルニットに欠かせないテクニックを、まずは小さな筒でトレーニングしましょう。アイテムはリストウォーマー。私のレッスンでも、最初に必ず編んでもらうアイテムです。

基礎からはじめるフェアアイルニット・レッスン

[材料と道具]

Ⓐ配色

使用糸：ジェイミソンズ オブ シェットランド　スピンドリフト
※A〜Dの各糸の色番号・使用量は使用糸一覧表を参照
使用針：2号5本棒針、4号5本棒針
その他の道具：はさみ、とじ針、2/0号かぎ針
ゲージ：メリヤス編みの編み込み模様　33目×34段（10cm四方）
サイズ：手首まわり18cm　長さ13cm

Ⓑ配色

使用糸：パピー　ブリティッシュファイン
※A〜Dの各糸の色番号・使用量は使用糸一覧表を参照
※使用針、道具、ゲージ、サイズはⒶと同じ。
　記号図のA〜D糸をそれぞれ置き換えて編む

[編み方ガイド]

① 編み始めの作り目をする →P.35
② 作り目を輪にして、2目ゴム編みを編む →P.35
③ 編み込み模様を編む →P.36
④ 上端の2目ゴム編みを編む →P.38
⑤ 編み終わりを伏せ止めする →P.38
⑥ もうひとつ編む →P.39
⑦ 水通しをする →P.39
⑧ 糸端始末をする →P.39

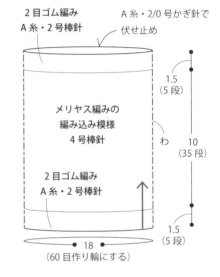

[使用糸一覧表]

糸と表示記号	Ⓐ配色 色番号 英語名	Ⓑ配色 色番号 色名	使用量
A糸	246 Wren	17 ダークネイビー	12g
B糸	104 Natural White	65 マスタード	3g
C糸	140 Rye	10 ライトグレー	7g
D糸	567 Damask	7 ブルー	3g

[記号図]

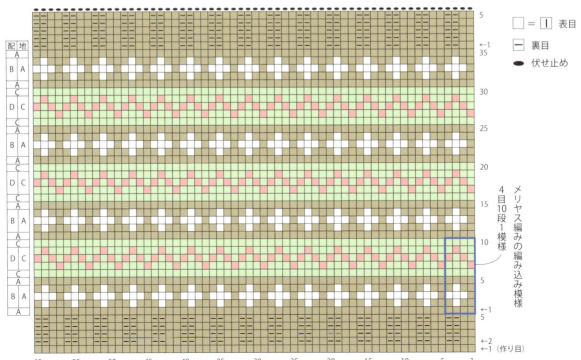

□ = ｜ 表目
－ 裏目
● 伏せ止め

①編み始めの作り目をする

1 A糸の糸端から約60cmの位置にスリップノットを作り、2号針2本で**指でかける作り目**（→P.14）をして60目作ります。針の1本は抜いておきます。

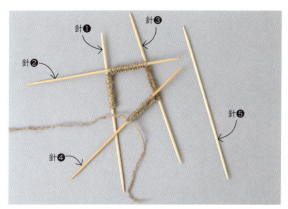

2 作った目を15目ずつ4本の針に分けます。分けたあとは、針同士の境目で作り目がねじれないよう注意。

②作り目を輪にして、2目ゴム編みを編む

3 作り目の最初の目（針❶）が左、最後の目（針❹の編み糸があるほう）が右にくるよう2本の針を持ち、突き合わせて輪にします。針❶の右端の目に針❺を入れ、2段めの1目め（表目）を編みます。

4 全体が輪になりました。輪に編む編み地は、編み始めの糸端がある位置で段が切り替わるので、作り目の糸端の位置が1段の編み始め・編み終わり位置の目印になります。作り目がねじれていないか、つねに気をつけながら編んでいきます。

POINT! 小さな筒は短い5本針が編みやすい

輪編みに使用する針は4本針でも5本針でもよいのですが、針の数が多いほど筒が円に近くなり、針同士の境目が広がりにくくなります。そのためとくに初心者には、5本針がおすすめです。また、小さな筒を編むには、編むときに邪魔にならない15〜20cmくらいの短めの針がおすすめです。

5 表目をもう1目編み（⑦）、3目めと4目めは裏目を編みます（⑦）。

6 表目2目・裏目2目をくり返して（最後は裏目1目）、1本めの針（針❶）にかかった目をすべて編みます。

7 編み目からはずれた1本めの針（針❶）を右手に持ち替え、2本めの針（針❷）にかかった目を編んでいきます（1目めは裏目）。最初の数段は編み地がねじれやすいので、次の針に進む前にねじれていないかを必ずチェック。

10 5段めまで2目ゴム編みを編みます。続けて編むと、表目部分が出っぱり、裏目部分がへこんできます。

③編み込み模様を編む

8 2本めの針にかかった目も、表目2目・裏目2目のくり返しの続きを編みます。

11 6段め（模様編み1段め）からは模様編みです。模様編みは4号針で編むので、右針を4号針に替えます。

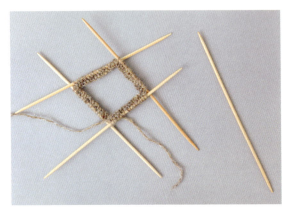

9 7〜8をくり返して2段めの最後まで編みます。

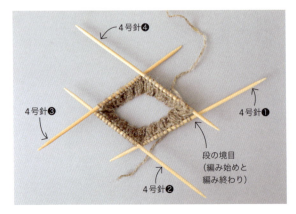

12 最初にA糸1本で1段表目（メリヤス編み）を編みます。左針にかかった目を編み終わるたびに、その針を4号針に替えて続きを編むことで、すべての針が4号針に置き替わりました。また、模様編みの最初に1段単色でメリヤス編みを編むのは、ゴム編みと模様編みをスムーズにつなげるため。こうすることで次の段からの2色の編み込み模様が編みやすくなり、同時に見た目にもきれいになります。

> **POINT!** 表目と裏目を交互に編む「ゴム編み」
>
> このように表目と裏目を交互に編むと、伸縮性のある「ゴム編み」の編み地になります。2目ごとに表目と裏目を編むゴム編みは、「2目ゴム編み」と呼ばれます。

〈編み込み模様1〜6段めの部分記号図〉

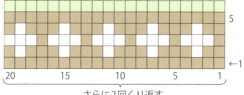

さらに2回くり返す

13 模様編み2段めの最初で、A糸にB糸を**動く玉結び**（→P.28）の方法でつけます。

14 A糸が地糸、B糸が配色糸なので、A糸は右手、B糸は左手に持ちます。

15 模様編み4段めまではA糸とB糸で編むので、記号図の通りに2〜4段めを編みます。

16 模様編み4段めが終わったら、B糸は5cm程度残して切ります。

17 模様編み5段めは残したA糸で表目を編み、最後にA糸も5cm程度残して切ります。

18 模様編み6段めはA糸の糸端にC糸を**動く玉結び**の方法でつけて1段表目を編みます。

19 模様編み7段めからは2色で編むので、最初にB糸の糸端に**動く玉結び**の方法でD糸をつけます。

chapter 02

基礎からはじめるフェアアイルニット・レッスン

〈編み込み模様 1〜10段めの部分記号図〉

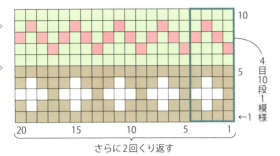

4目10段1模様

さらに2回くり返す

20 C糸（地糸）を右手、D糸（配色糸）を左手に持ち、記号図の通りに模様編み7〜9段めを編みます。

21 模様編み9段めが終わったら、D糸は5cm程度残して切ります。

22 模様編み10段めはC糸で表目を編み、最後にC糸を5cm程度残して切ります。ここまでの1〜10段めまでが1模様です。次の11段めの最初では、C糸の糸端にA糸を**動く玉結び**の方法でつけて編み始めます。

23 11段めからは模様編みの1模様を2回、さらに1〜5段めを1回編みます。模様編み部分が編み上がりました。

④上端の2目ゴム編みを編む

24 再び2号針に戻して、A糸で2目ゴム編みを5段編みます。

⑤編み終わりを伏せ止めする

25 最後はA糸、かぎ針2/0号で**伏せ止め**（→P.31）をします。きつくならないよう注意して。

⑥もうひとつ編む

26 1〜25をくり返して、同じものをもうひとつ編みます。

⑦水通しをする

27 糸始末をする前に、**水通し**（→P.31）と**ブロッキング**（→P.32）をしておきます。

⑧糸端始末をする

28 全体を裏返します。

29 編み始めと編み終わりの糸はとじ針に通し、いったん段の境目の反対側をすくってから（㋐）、近くの編み目に通して（㋑）切ります。

30 模様編み部分は、段の境目に切った糸の糸端がたくさん残っています。

31 糸端は動く玉結びがゆるんでいたら根元に寄せ（㋐）、固結びして糸端を1cm程度に切ります（㋑）。

32 すべての糸端を始末したら、できあがり。

SPECIAL LESSON
「フェアアイル基本ゲージ」の編み方

指定通りの目数・段数を編んだはずなのに、できあがってみたら予定より大きかった（小さかった）……というのは、"ゲージ"が合っていないから。あらかじめゲージ調整をして、残念なトラブルを防ぎましょう。

私の教室では、リストウォーマーを最初の課題にしています。それは、手軽に編める小物ですが、輪編み、2色の模様編みなど、フェアアイルニットの基本テクニックをマスターするためにぴったりだから。そして編み上がったら「ゲージ」をとり、「ゲージ調整」をしてもらっています。

「ゲージ」とは、編み目の大きさをあらわす指標で、通常、10cm四方の編み地の中に何目×何段の編み目が入っているかで表示されます。

編む手加減は人によって違うため、同じ糸と針を使って同じ目数・段数を編んでも、編み上がりの大きさは必ずしも同じにはなりません。ゲージはその誤差をなくすための基準。本などに掲載された編み物のレシピには、たいていゲージが表示されているので、あらかじめ指定の針と糸でスワッチを編んでゲージをとり（測り）、指定ゲージに合わせる調整をするのです。

〈ゲージのとり方〉
①指定の針と糸、編み地でスワッチを編む。
②水通し、スチームアイロンなど、指定の仕上げ処理をする。
③10cm四方の目数・段数を数える（写真参照）。
④③と基準ゲージをくらべて調整する。

〈ゲージの調整方法〉
指定ゲージよりゆるい（基準ゲージより目数・段数が少ない）場合→編むときの手加減をきつくするか、針の号数を1～2号下げる。
指定ゲージよりきつい（基準ゲージより目数・段数が多い）場合→編むときの手加減をゆるくするか、針の号数を1～2号上げる。

ゲージ合わせは通常、Lesson 01で編んだようなスワッチで行います。でも、フェアアイルは基本的に輪編みで編むことをふまえて、私の教室ではリストウォーマーを使っています。

フェアアイルニットは基本的に使用する針と糸はつねに同じなので、基準ゲージに合う編み方をここでマスターしておけば、以後何を編むときにもゲージ合わせに苦労することがなくなります。

ただし、同じ人でも編むものの大きさや、編み込み模様の種類によってゲージは違ってくるので、編み上がりサイズが予定と違うと困るアイテム（とくにウェアなど）を編むときには、少し面倒ですが必ずゲージをとりましょう。そのとき編むのは、リストウォーマーのような小さな筒でも、Lesson 01の要領で往復編みで編むスワッチでもOKです。

定規を編み地にあて、横10cmあたりに何目あるかを数える。

→

定規を編み地にあて、縦10cmあたりに何段あるかを数える。

Lesson 03
長い筒を編んでマフラーに

　輪編みをマスターしたら、次は筒を長〜く編んで、マフラーにしてみましょう。このマフラーは、1周30cm程度の筒を長く編み、編み始めと編み終わりをとじて仕上げる仕立て。編み地が二重になるのでより暖かく、巻いたときのボリューム感もうれしい仕上がりです。同じ模様をくり返して編むことになるので、一定のリズム、一定の調子でフェアアイル模様を編むトレーニングにもなります。

[材料と道具]

Ⓐ配色

使用糸：ジェイミソンズ オブ シェットランド　スピンドリフト
※A～Hの各糸の色番号・使用量は使用糸一覧表を参照
使用針：4号5本棒針、2/0号かぎ針
その他の道具：とじ針、はさみ
ゲージ：メリヤス編みの編み込み模様　33目×34段（10cm四方）
サイズ：幅15cm　長さ147cm

※Ⓑ配色は使用糸以外はⒶと同じ。
　記号図のA～H糸をそれぞれ置き換えて編む

[使用糸一覧表]

糸と表示記号	Ⓐ配色 色番号 英語名	Ⓑ配色 色番号 英語名	使用量
A糸	230 Yellow Ochre	127 Pebble	55 g
B糸	580 Cherry	600 Violet	5 g
C糸	768 Eggshell	1400 Mirry Dancers	60 g
D糸	1020 Nighthawk	617 Lavender	20 g
E糸	688 Mermaid	547 Orchid	15 g
F糸	970 Espresso	1140 Granny Smith	50 g
G糸	136 Teviot	293 Port Wine	15 g
H糸	130 Sky	880 Coffee	10 g

[編み方ガイド]

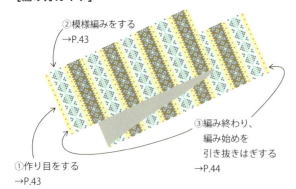

①作り目をする →P.43
②模様編みをする →P.43
③編み終わり、編み始めを引き抜きはぎする →P.44

[記号図]

□ = | 表目

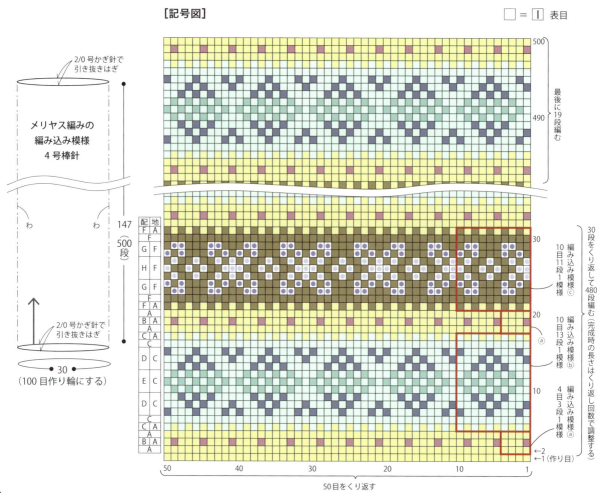

①作り目をする

1 A糸の糸端から約2mの位置にスリップノットを作り（糸端は最後のはぎに使用するため長くとる）、4号針2本で**指でかける作り目**（→P.14）をして100目作ります。

②模様編みをする

2 作り目を4本の針に分け、ねじれないよう注意して5本めの針で表目を1目編み、全体を輪にします。

3 A糸で1段表目（メリヤス編み）を編みます。

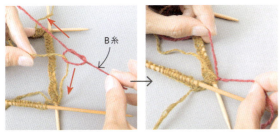

4 3段めを編む前に、A糸にB糸を**動く玉結び**（→P.28）の方法でつけます。

5 A糸（地糸）を右手、B糸（配色糸）を左手に持って記号図の通りに模様編みを1段編みます。

6 4段め。A糸で1段表目を編みます。ここまでで模様ⓐが編めます。次の段はA糸とC糸で編むので、B糸は切り、糸端にC糸を**動く玉結び**の方法でつけます。

7 以下記号図の通りに模様ⓐ・ⓑ・ⓒをくり返して最終段まで編みます。

③編み終わり、編み始めを引き抜きはぎする

8 まず、編み目を半分ずつ針2本に分けます。針をそろえると、筒がつぶれて編み地が二重になります。

9 編み地2枚を**引き抜きはぎ**して、筒の口をとじます。2/0号かぎ針を2本の棒針の右端の1目にそれぞれ表目を編むように入れ、2目をかぎ針に移します。

10 かぎ針に糸をかけて、矢印のように引き抜きます。

11 2本の棒針の2目めも9と同様にかぎ針に移し(㋐)、糸をかけて矢印のように引き抜きます(㋑)。

12 1目分引き抜きはぎができました。

13 **11**をくり返して最終目まではぎます。

14 最後は糸端を約10cmに切り、最後の目から引き抜き、引きしめます。

15 編み始め側の作り目も**引き抜きはぎ**して口をとじます。まず、編み始め位置が右脇にくるように、編み地の筒を半分につぶします。

16 作り目を上にして編み地を持ち、作り目の1目めと最終目に写真のようにかぎ針を入れます。

17 かぎ針に編み始めの糸端をかけて矢印のように引き抜きます。

18 左隣の作り目に写真のようにかぎ針を入れ（㋐・重なった2枚の編み地両方の作り目に入れる）、かぎ針に糸をかけ、矢印のように針にかかった3目から一度に引き抜きます（㋑）。

19 18をくり返して端まではぎます。

20 最後は糸端を約10cmに切り、残った目から引き抜き、引きしめます。

21 最後に引き抜きはぎの糸端をとじ針で編み地の内側に入れて隠し、余分な糸を切ります。

POINT! 模様編みの糸端はそのままでOK！

フェアアイルヤーンはからみやすく、ほつれにくいのが特徴。そのためこのマフラーのように、模様編みの糸端を編み地の内側に隠してしまうような場合は、糸端始末はしなくても大丈夫。そのままにしておいても、使っているうちに糸端がまわりにからみつくので、ほどけてくる心配はありません。

22 **水通し**（→P.31）と**ブロッキング**（→P.32）をすれば、できあがり。

Lesson
04

リストウォーマーに指をつけてミトンに

リストウォーマーに親指と4本指をカバーする部分をプラスすると、ミトンになります。リストウォーマーと違うのは、手の形に合わせて親指の位置を左右で変えること。とはいえ手のひら側の右端にするか、左端にするかの違いだけなので、難しくはありません。Ⓐの女性用は冬の冷たい風をよりしっかり防げるよう、通常より細めの針でみっしりと編みます。糸と針を太くして同じように編むだけで、男性用のⒷになるデザインです。

chapter 02
基礎からはじめるフェアアイルニット・レッスン

Ⓐ　　　　Ⓑ

[材料と道具]

Ⓐ レディースサイズ
使用糸：ジェイミソンズ オブ シェットランド　スピンドリフト
　　　A糸　323 Cardinal 35g／B糸　104 Natural White 25g
使用針：1号5本棒針、2号5本棒針、2/0号かぎ針
その他の道具：はさみ、とじ針、別糸
ゲージ：メリヤス編みの編み込み模様　35目×36段（10cm四方）
サイズ：手首まわり19cm　長さ23cm

Ⓑ メンズサイズ
使用糸：DARUMA　シェットランドウール
　　　A糸　紺（5）35g／B糸　きなり（1）25g
使用針：3号5本棒針、5号5本棒針、4/0号かぎ針
※その他の道具はⒶと同じ。記号図のA、B糸をそれぞれ置き換え、使用針はⒶの使用針に置き換えて編む
ゲージ：メリヤス編みの編み込み模様　31目×32段（10cm四方）
サイズ：手首まわり22cm、長さ26cm

POINT! 増減目をチェック

編み方図のなかに、右のように式のようなものが書かれていることがあります。これは、増し目や減らし目の仕方をあらわしたもの。右の場合、「1段ごとに1目の減らし目を13回行う」と読みます。何行かに分けて書かれている場合は、編むときと同様、下から順番に操作していきます。

[編み方ガイド]

Lesson 04
リストウォーマーに指をつけてミトンに

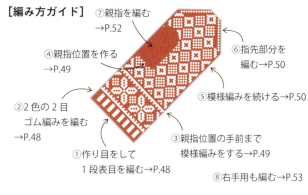

①作り目をして1段表目を編む→P.48
②2色の2目ゴム編みを編む→P.48
③親指位置の手前まで模様編みをする→P.49
④親指位置を作る→P.49
⑤模様編みを続ける→P.50
⑥指先部分を編む→P.50
⑦親指を編む→P.52
⑧右手用も編む→P.53

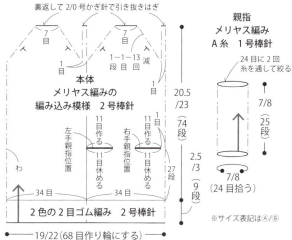

[記号図]

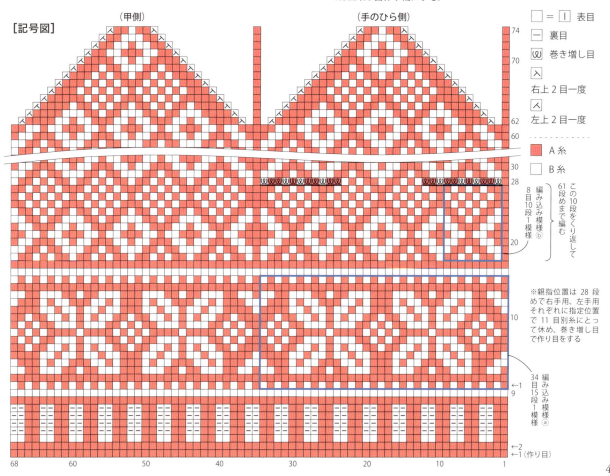

①作り目をして1段表目を編む

1 2号針2本、A糸で**指でかける作り目**（→P.14）をして68目作ります。17目ずつ4本の針に分け、2段めはA糸1色で1段表目を輪に編みます。

②2色の2目ゴム編みを編む

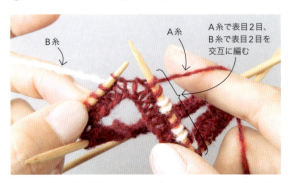

2 **動く玉結び**（→P.28）の方法でB糸をつけ、3段めはA糸で表目2目、B糸で表目2目を交互に編みます。

3 4段めはA糸で表目を2目（ア）、B糸で裏目を2目編みます（イ）。これで2色の2目ゴム編みの1模様です。

4 次はA糸で表目を編みますが、アのようにB糸が左針の向こう側にあることを確認してから編みます。

POINT! 2色のゴム編みの注意点

2色のゴム編みを編む際、起こりやすいのが下の写真のように裏目部分、または表目部分の手前に渡り糸が出てしまうという間違い。これは渡す糸を編み地の手前に置いたまま次の目を編んだために起こる現象です。編まない糸は必ず編み地の向こう側へ！　次の目を編む前にチェックしましょう。

5 **3**をくり返して1段編みます。このミトンは、34目めまでが手のひら側、残りが甲側になります。

6 続けて5〜7段めも2色の2目ゴム編みを編みます。

7 いったんB糸を休めておき、8段めはA糸で1段表目を編みます。

8 9段めはA糸を休めておき、B糸で1段表目を編みます。

POINT! 糸を切らずに続けて使う編み方も

1〜2段ごとに同じ色を使うなら、糸を切らずに休めておき、次に使う段で続けて編んでもOKです。糸を切らないので、最後の糸端始末がなくなり、仕上げが楽に。

③親指位置の手前まで模様編みをする

9 再びA糸を右手、B糸を左手に持ち、記号図の通りに模様編み1〜27段めを編みます。

④親指位置を作る（左手の場合）

10 28段めは、まず模様編みを23目め（親指位置の手前）まで編みます。

11 とじ針に15cm程度に切った別糸を通しておき、次の目に通し（ア）、通した目を左針からはずします（イ）。これで、休ませる目が1目別糸に移ります。

12 11と同様にしてさらに10目別糸に移し（ア）、とじ針をはずして糸端を結びます（イ）。このように別糸に目を移しておくことを**別糸にとって休める**といいます。この11目は、親指位置の下側になります。

13 休み目をした位置に、親指位置の上側になる目を**巻き増し目**で新たに作ります。28段めの模様に合わせた色で作り目をするので、最初はA糸です。A糸で写真のように輪を作り（ア）、右針を輪に入れます（イ）。

14 A糸を引きしめます（ア）。これで、A糸の巻き増し目が1目できました（イ）。

chapter 02 基礎からはじめるフェアアイルニット・レッスン

合計11目作る

15 記号図を参照し、指定の色で**13~14**と同様に**巻き増し目**をしてさらに10目作り目をします。

16 作り目のあとは記号図の通りに模様編みを続けます。28段めが終わると、親指位置には穴があいた状態になっています。

⑤模様編みを続ける

17 29~61段めは記号図の通りに模様編みを編みます。

⑥指先部分を編む

18 62段めからは左右脇で減らし目をして先端部分の形を作ります。右脇は端から1目内側で**右上2目一度**をして1目減らします。まず、A糸で1目表目を編みます。

㋐　　　　　　　　　　　㋑

19 次の2目で**右上2目一度**を編みます。2目めに表目を編むように右針を入れ(㋐)、そのまま編まずに右針に移します(㋑)。

㋐　　　　　　　　　　　㋑

20 3目めはB糸で表目を編み(㋐)、**19**で移した目を編んだ目にかぶせて右針からはずします(㋑)。

21 **右上2目一度**により、右側の目(2目め)が上になって左側の目(3目め)に重なり、1目減りました。

22 手のひら側の編み目が残り2目になるまで模様編みを続けます。

23 残り2目で**左上2目一度**をします。2目に写真のように右針を入れ（㋐）、B糸で表目を編みます（㋑）。

24 **左上2目一度**により、左側の目が上になって右側の目に重なり、1目減りました。

25 62段めの残り半分も**18〜24**と同様に編みます。62段めを編み終えると全体で4目減っています。

26 記号図を参照し、減らし目をしながら模様編みを74段めまで編み、残った16目を針2本に分けます。B糸は短く切り、A糸は約15cm残して切ります。

27 全体を裏返します（P.67手順**28**と同様に一度別糸に編み目を移すと裏返しやすくなります）。

28 A糸・2/0号かぎ針で2本の針に残った目を**引き抜きはぎ**（→P.44）します。

29 表に返します。親指位置は、まだ穴があいただけの状態です。

⑦親指を編む

POINT! 親指1段めの編み方

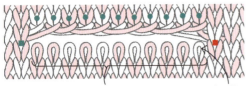

別糸に休めていた11目　編み始め

親指1段めは、編み始め位置に糸をつけ、[別糸に休めていた11目を編む→■に針を入れ目を拾う→巻き増し目の次の段の●の位置に針を入れ目を拾う→■に針を入れ目を拾う]という順に編みます。拾い目の位置に注意しましょう。

30 別糸にとって休めていた11目を1号針に移します。

31 A糸を新たにつけ、**30**で移した11目に表目を編みます。

32 親指位置の上側の作り目との間部分(上図の■)を2本めの針ですくい(㋐)、その針にかかった目に3本めの針を㋐の矢印のように入れて表目を編みます(㋑)。

33 **ねじり目の拾い目**ができました。ここで拾い目をするのは親指の脇に穴があくのを防ぐためです。

34 次は巻き増し目の次の段の目(左上図の●)に右針を入れ、糸をかけて矢印のように引き出します。

35 **34**と同様にして、さらに10目拾います(5目めからは次の針を使う)。

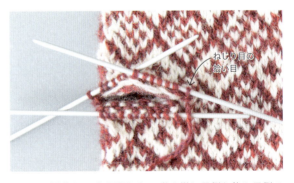

36 最後に**32**と同様にして巻き増し目側と休み目側の間(左上図の■)で1目**ねじり目の拾い目**をします。1段めが終わると、全体で24目になっています。

37 次の段からは24目のままA糸で表目を24段編みます。

POINT! 親指の長さは試着して調整を

親指は、編んでいる途中で実際に試着してみて、親指の先よりわずかに長くなるところまで編めば、自分の指にぴったりの長さに調整することができます。

38 最終段まで編んだら、糸端を約15cm残して切り、とじ針に通します。

39 残った目に2周、糸を通します。

40 指先の穴がなくなるまで引きしめます。糸端は先端から裏側に出し、裏側で穴をふさぐように2、3回縫ってから短く切ります。

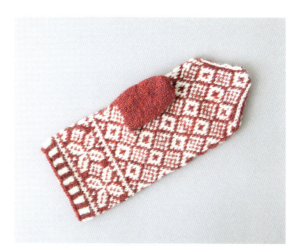

41 左手用のミトンが編み上がりました。

⑧右手用も編む

42 右手用も親指の位置を変えて同様に編みます。**水通し**（→P.31）と**ブロッキング**（→P.32）をし、糸端を裏側で同色の編み目に通して短く切れば、できあがり。

Lesson
05
減らし目ができれば、帽子も編める

作り目から目数を変えずに編むと、どこまで編んでも筒ですが、「減らし目」をして徐々に編み目を減らしていくと、先すぼまりの円すいになります。これは、帽子の形。フェアアイルニットの場合、減らし目も模様編みを続けながら行わなければならない点が少し難しいのですが、その都度記号図を確認して、記号図に記載された色で編めば大丈夫。模様を崩さずに減らし目をするコツもあわせてご紹介します。

[材料と道具]

Ⓐ配色

使用糸：ジェイミソン＆スミス　2プライジャンパーウェイト、
シェットランド シュープリーム ジャンパーウェイト
※各糸の色番号・使用量は使用糸一覧表参照

使用針：1号5本棒針、4号5本棒針
その他の道具：はさみ、とじ針
ゲージ：メリヤス編みの編み込み模様　33目×34段(10cm四方)
サイズ：頭囲51cm、丈20cm

Ⓑ配色

使用糸：ジェイミソンズ オブ シェットランド　スピンドリフト
※使用糸以外はすべてⒶと同じ。
　記号図のA～H糸をそれぞれ置き換えて編む

[編み方ガイド]

⑤編み終わりの目を止める →P.58

④「中上3目一度」をしながら模様編みをする →P.57

③模様編みをする →P.56

①作り目をする →P.56

②すその2目ゴム編みを編む →P.56

⑥水通しと糸端始末をする →P.59

Lesson 05

減らし目ができれば、帽子も編める

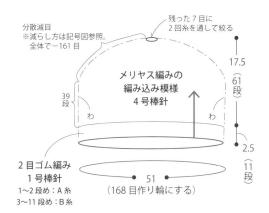

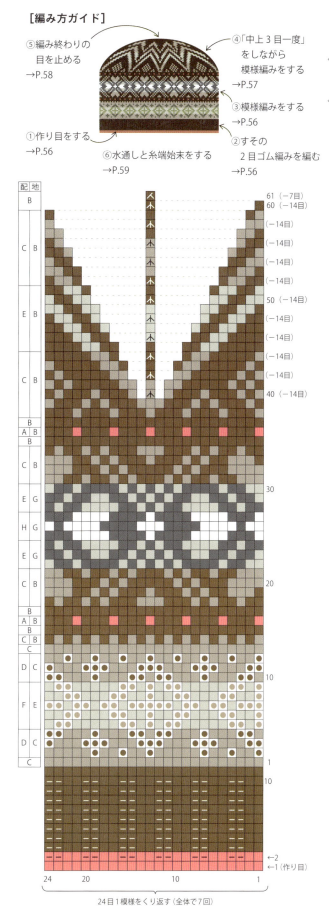

[使用糸一覧表]

糸と表示記号	Ⓐ配色 色番号 英語名	Ⓑ配色 色番号 英語名	使用量
A糸	1403 (赤)	1300 Aubretia	5g
B糸	2005 Shetland Black	122 Granite	25g
C糸	2002 Mooskit	1340 Cosmos	15g
D糸	FC58 (杢茶)	425 Mustard	7g
E糸	2006 Gaulmogot	123 Oxford	10g
F糸	2004 Moorit	390 Daffodil	7g
G糸	2009 Yuglet	104 Natural White	10g
H糸	2001 White	125 Slate	5g

※Ⓐはジェイミソン＆スミス（A・Dは2ply Jumper Weight、ほかはShetland Supreme Jumper Weight）、Ⓑはジェイミソンズ オブ シェットランド　スピンドリフトを使用

chapter 02

基礎からはじめるフェアアイルニット・レッスン

①作り目をする

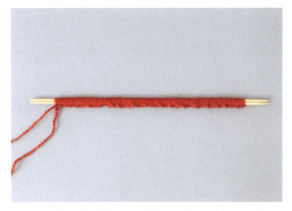

1 A糸の端から約2mの位置にスリップノットを作り、1号針2本で**指でかける作り目**（→P.28）をして168目作ります。針の1本は抜いておきます。

②すその2目ゴム編みを編む

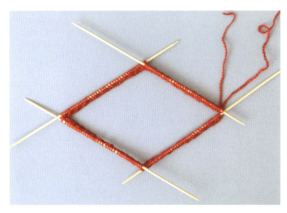

2 作り目（1段め）を42目ずつ、4本の針に分けて**輪にして**（→P.35）、2段めはA糸で**2目ゴム編み**（→P.35）を編みます。

3 3段めからはB糸で編みます。A糸を約5cm残して切り、A糸の糸端にB糸を**動く玉結び**（→P.28）の方法でつけ、2目ゴム編みを10段めまで編みます。11段めはB糸で1段表目を編みます。

③模様編みをする

4 12段め（模様編み1段め）からは、4号針で模様編みを編みます。まずB糸の糸端にC糸を**動く玉結び**の方法でつけ、4号針に替えながらC糸で1段表目を編みます。

5 D糸はC糸の糸端に動く玉結びの方法でつけ、C糸（地糸）を右手、D糸（配色糸）を左手に持ちます。

POINT! 段の途中で糸がなくなったら

編み進めるうちに段の途中で糸がなくなってしまったら、新たな糸玉の糸端を編み終わる糸の糸端に**動く玉結び**の方法でつけ、そのまま編み続けます。このとき、結び目をしっかり根元に寄せ、結び目が編み地の表に出ないように注意を。残った糸端はそのままにしておき、最後に配色糸の糸端と同様に始末します。

6 模様編み2～39段めは記号図の通りに模様編みをします。途中、裏に長い渡り糸ができる箇所の編み方のコツは、下のコラムを参照してください。

④「中上3目一度」をしながら模様編みをする

7 模様編み40段めからは、模様を編みながら減らし目をします。まず、記号図の通りに11目編みます。

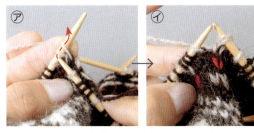

8 次の3目で**中上3目一度**をします。右側の2目に㋐のように右針を入れ、編まずに右針に移します（㋑）。

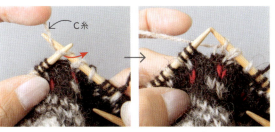

9 3目めは表目を編みます。記号図で中上3目一度の記号がある目は■（C糸）なので、C糸で編みます。

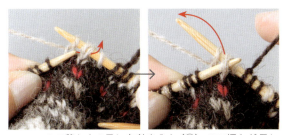

10 8で移した2目に左針を入れ（㋐）、9で編んだ目にかぶせて右針からはずします（㋑）。

Lesson 05

減らし目ができれば、帽子も編める

COLUMN

渡り糸が長い模様を編むときは

たとえば同じ色が5目続く場合、編み地の裏側に別色の糸が5目分渡ります。模様により渡り糸がもっと長くなる場合も。渡り糸が長いと編むときにも完成後にもひっかかりやすくなるのが心配なので、私は途中で一度、右のようにして2色の糸をからめます。目安は同じ色が6目以上続く場合です。

この部分は裏に5目分糸が渡る

渡り糸をからめる編み方

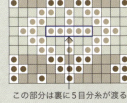

編まない糸（渡り糸）を右針の手前に出してから、編む糸を右針にかけます。

編まない糸を右針の向こう側へ落としてから1目編みます。

編んだ目を裏から見ると、渡り糸が編み糸とからんでいるのがわかります。

chapter 02

基礎からはじめるフェアアイルニット・レッスン

11 中上3目一度ができました。名前の通り、3目の中心の目が一番手前になるように3目が重なって1目になり、2目減っています。

12 次の10目を記号図の通りに編みます。

13 記号図は全体の7分の1の目数分なので、**7〜12**をさらに6回くり返して1段編みます。

14 模様編み41段めは減らし目なしで記号図の通りに編みます。

15 模様編み42段め以降も模様編みを続けながら、偶数段（1段おき）の指定の位置で中上3目一度をして60段めまで編みます。記号図通りに編むと、中上3目一度の中心の目が縦につながり、筋のように浮き上がります。最後の61段めは、残った14目をすべて**左上2目一度**（→P.51）をします。

POINT! 目数が少なくなったら針を減らす

減らし目を続けて全体の目数が減ってくると、1本の針にかかる目が少なくなり、編みづらくなってきます。そんなときは、段の境目の位置は変えずに編み目を分け直して針を4本から3本に減らすと編みやすくなります。

⑤編み終わりの目を止める

16 61段めが終わると、B糸の目が7目残ります。

17 B糸を止め糸として使うので糸端を約15cm残して切り、糸端をとじ針に通します。

18 残った目に2周糸を通します。

19 編み終わりの穴がふさがるまで、糸端を引いて引きしめます。

20 とじ針を使って糸端を裏側に出し、裏側で穴をふさぐように2、3回縫ってから糸を切ります。

21 編み上がりました。

⑥水通しと糸端始末をする

22 **水通し**（→P.31）と**ブロッキング**（→P.32）をし、乾かします。ブロッキングするときは、仕上がりサイズ程度にふくらませた風船にかぶせておくと、帽子の形をきれいに整えることができます。

23 糸端始末（→P.39）をすれば、できあがり。

Lesson 06
靴下でテクニックのおさらいをする

いろいろなテクニックを使用するため飽きることがなく、編むのが楽しくてはまってしまう人が多い靴下。使用するのはこれまでのレッスンに登場したテクニックばかりなので、おさらいをする感覚で挑戦してみてください。ウール100％の靴下は洗濯すると縮みそうですが、フェアアイルニットは仕上げの水通しの際にフェルト化させるので、案外平気。洗濯機のウールコースで洗濯しても、ほぼ縮むことはありません。

[材料と道具]

Ⓐ配色

使用糸：ジェイミソンズ オブ シェットランド　スピンドリフト
※各糸の色番号・使用量は使用糸一覧表参照
使用針：1号5本棒針、2号5本棒針、2/0号かぎ針
その他の道具：別糸、はさみ、とじ針
ゲージ：メリヤス編みの編み込み模様　35目×35段(10cm四方)
サイズ：足サイズ24cm、丈24cm、足首まわり24cm

Ⓑ配色

使用糸：ジェイミソン&スミス　2プライジャンパーウェイト、シェットランド シュープリーム ジャンパーウェイト
※使用糸以外はすべてⒶと同じ。
　記号図のA～E糸をそれぞれ置き換えて編む

Lesson 06

靴下でテクニックのおさらいをする

[編み方ガイド]

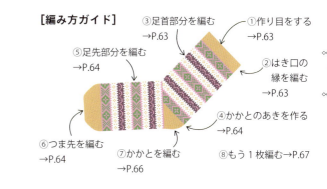

①作り目をする →P.63
②はき口の縁を編む →P.63
③足首部分を編む →P.63
④かかとのあきを作る →P.64
⑤足先部分を編む →P.64
⑥つま先を編む →P.64
⑦かかとを編む →P.66
⑧もう1枚編む→P.67

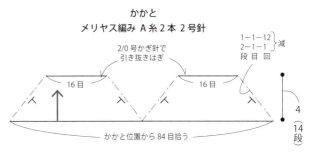

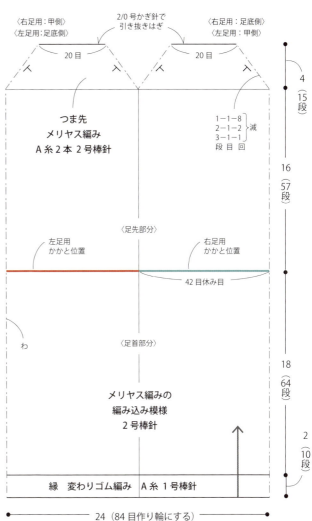

[使用糸一覧表]

糸と表示記号	Ⓐ配色 色番号 英語名	Ⓑ配色 色番号 色名	使用量
A糸	1190 Burnt Umber	36 (紺)	30g
B糸	562 Cyclamen	1403 (赤)	25g
C糸	234 Pine	2001 White	20g
D糸	343 Ivory	203 (グレー)	25g
E糸	598 Mulberry	14 (水色)	20g

※Ⓐはジェイミソンズ オブ シェットランド　スピンドリフト、ⒷはジェイミソンCCはShetland Supreme Jumper Weight、ほかは2ply Jumper Weight)を使用

[記号図②かかと]

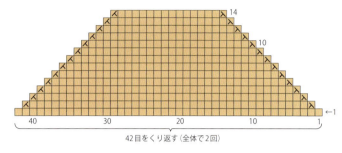

42目をくり返す（全体で2回）

[記号図①本体]

※つま先とかかとはA糸2本を編み込み模様を編むときと同様に左右の手に持ち分け、交互に使ってメリヤス編みを編む（P.64「⑥つま先を編む」参照）

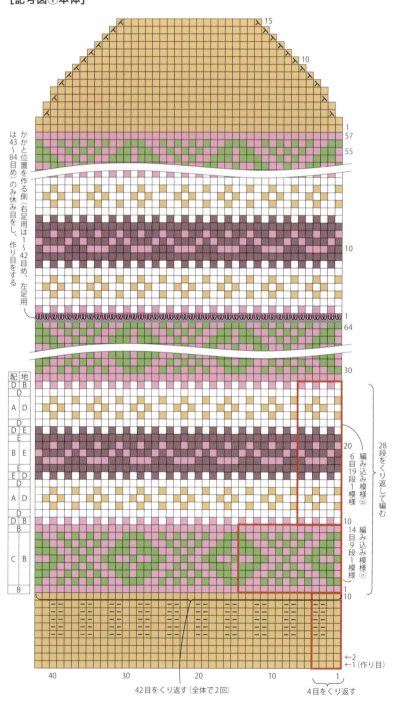

42目をくり返す（全体で2回）　4目をくり返す

□ = │ 表目
─ 裏目
⋋ 右上2目一度
⋌ 左上2目一度
⊗ 巻き増し目
── 休み目

①作り目をする

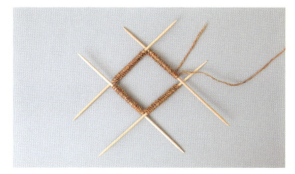

1 1号針2本、A糸で**指でかける作り目**（→P.14）をして84目作り、21目ずつ1号針4本に分けます。

②はき口の縁を編む

2 2〜4段めはA糸でメリヤス編み（すべて表目を編む）を輪に編みます。

3 5〜9段めはA糸で2目ゴム編み（表目2目、裏目2目をくり返す）を編みます。

A糸を切る

4 10段めはA糸でメリヤス編みを編み、最後に糸端を約5cm残して切ります。

③足首部分を編む

B糸

5 11段め（足首部分1段め）からは模様編みです。A糸の糸端に**動く玉結び**（→P.28）の方法でB糸をつけ、2号針に替えながら表目を1段編みます。

C糸

6 B糸の糸端にC糸を動く玉結びの方法でつけ、B糸（地糸）を右手、C糸（配色糸）を左手に持ちます。

7 足首部分2〜64段めは記号図の通りに増減目なく模様編みをします。

Lesson 06

靴下でテクニックのおさらいをする

④かかとのあきを作る

8 足先部分に入ります。1段めでかかとあきを作るので、1〜42目め（右足用の場合。左足用の編み方は右の「POINT!」参照）を**別糸にとって休めます**（→P.49）。この部分は、かかとあきの足首側になります。

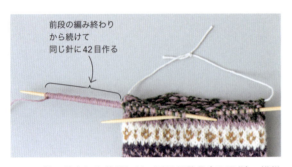

前段の編み終わりから続けて同じ針に42目作る

9 休み目をした位置には、同じ目数分（42目分）、模様に合わせて（ここではB糸1色。C糸は約5cm残して切る）**巻き増し目**（→P.49）で作り目をします。

10 作り目を半分ずつ、別の針に移します。この作り目は足先部分の足底側になります。

11 43〜84目めは記号図通りに模様編みの続きを編みます（ここではB糸1色で編む）。

POINT! 左足用の編み方

輪編みはらせん状に編み進むため、段の境目で模様がわずかにずれます。模様によっては境目が目立つ場合があるので、この靴下では段の境目を目立たない足の内側にしています。そのため左足用のかかとのあきは、43〜84目めに作ります。足先部分1段めは1〜42目め（甲側）を模様編みしてから、43〜84目め（足底側）を休めて作り目をします。

⑤足先部分を編む

最終段まで編んだら糸は2本とも切る

足先部分

かかとあき

12 模様編みを続けて足先部分2〜57段めを編みます。最終段を編んだ糸は糸端を約5cm残して切ります。

⑥つま先を編む

A糸ⓑ　A糸ⓐ

13 つま先は2号針・A糸で編みますが、模様編み部分と厚みをそろえ、丈夫にするため、A糸2本（ⓐ・ⓑ）を交互に使い、模様編みをするようにしてメリヤス編みをします。まず、ⓐ、ⓑを12で切ったB糸、C糸の糸端に1本ずつ**動く玉結びの方法**でつけ、左右の手に持ち分けます。

ⓑで編む

ⓐで編む

14 1目めはⓐで表目を1、2目めはⓑで表目を1目編みます。この編み方で2段めまで編みます。

POINT! 同色2本で編むときのヒント

同じ色の糸2本で編む場合、糸玉をふたつ用意しなくても大丈夫。糸玉の外側にある糸端と、内側にある糸端を両方使えば、糸玉ひとつで編むことができます。

15 つま先3段めからは、ⓐ・ⓑで交互にメリヤス編みを編み続けながら記号図を参照して、足底側、甲側の左右の端合計4か所で減らし目をしていきます。右端では**右上2目一度**（→P.50）、左端では**左上2目一度**（→P.51）をします。写真は7段めが終わったところです。8段め以降も同様に、4か所で減らし目をしながら15段めまで編みます。15段めを編み終わると、目数は40目になります。

16 糸を1本は約5cm、1本は約20cm残して切り、残った40目を甲側、足底側で20目ずつ2本の針に分けます。

17 全体を裏返します。裏返すときに棒針がじゃまになってうまくできない場合は、P.67手順**28**と同様、いったん編み目を別糸にとり、裏返してから編み目を針に移しましょう。

18 長く残したほうの糸を使い、2/0号かぎ針で編み終わりの目を**引き抜きはぎ**（→P.44）します。

19 表に返せば、つま先の完成です。

Lesson 06 靴下でテクニックのおさらいをする

⑦かかとを編む

20 かかとあき位置で休めた目を2号針に21目ずつ移します。かかともつま先同様、A糸2本で編みます。

21 1本めのA糸(ⓐ)を近くにあるC糸かD糸の糸端に**動く玉結び**の方法でつけ、表目を1目編みます。

22 ⓐの糸端に2本めのA糸(ⓑ)を**動く玉結び**の方法でつけます。

23 2目め以降はかかとと同様にⓐとⓑを交互に使って針にかかった42目分、メリヤス編みをします。

24 続けて**巻き増し目からの拾い目**(→P.52)をします。1目めはⓐ、2目めはⓑで拾います。

25 **24**と同様にして、巻き増し目の端まで拾い目を続けます。

26 作り目から拾った目(42目)を、半分ずつ2本の2号針に分けます。

27 かかと2段めからはつま先と同様に減らし目をしながら14段めまで編みます。

28 糸を1本は約5cm、1本は約20cm残して切り、残った目を別糸にとります（足首側と足底側で分ける）。

30 編み上がりました。

⑧**もう1枚編む**

29 全体を裏返して別糸にとった目を棒針に戻し、編み終わりをつま先と同様に**引き抜きはぎ**します。

31 左足用も編みます。**水通し**（→P.31）と**ブロッキング**（→P.32）、**糸端始末**（→P.39）をしてできあがり。

COLUMN

ゴム編みいろいろ

　伸縮性があり、着脱をくり返しても編み地が伸びないゴム編みは、小物やウェアの縁に欠かせない編み方です。この本では「1色の2目ゴム編み」と「2色の2目ゴム編み」の2種類を使用しています。

　2色のゴム編みは伝統的なフェアアイルニットにも多く見られ、フェアアイルニットの特徴のひとつといえます。これはデザイン上の工夫であるだけでなく、傷みやすい縁を2本の糸で編むことで、編み地を丈夫に仕上げる工夫だったのだろうと思います。

　とはいえ、「編むのがむずかしいな」という方は、1色のゴム編みに置き換えてもOKです。

1色の2目ゴム編み

2色の2目ゴム編み

Lesson 07
ウェア入門編・Vネックベスト

ウェアには、フェアアイルニットの最大の特徴ともいえる「スティーク」が登場します。スティークとは切り代のこと。えりぐり、そでぐりなど本来は編むときに途切れる部分を続けて輪に編むためにスティークを編み、あとで切り開くのです。編み地を切ることができるのは、ほつれにくいフェアアイルヤーンだからこそ。最初はかなり勇気がいりますが、経験してみるとその合理性に目からウロコが落ちることうけあいです。

[材料と道具]

使用糸：ジェイミソンズ オブ シェットランド　スピンドリフト
※A〜Hの各糸の色番号・使用量は使用糸一覧表を参照
使用針：4号輪針（40cmと80cm）、2号輪針（40cmと80cm）、4号棒針の長さ30cm程度のもの2本、2号棒針2本、かぎ針（4/0号と2/0号）
その他の道具：はしごレース、別糸、目玉クリップ、とじ針、はさみ、目数リング、段数マーカー
ゲージ：メリヤス編みの編み込み模様　33目×34段（10cm四方）
サイズ：胸囲88cm　着丈55cm　肩幅31cm

[編み方ガイド]

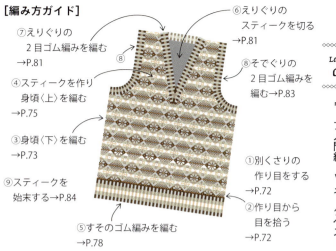

- ⑦えりぐりの2目ゴム編みを編む →P.81
- ⑥えりぐりのスティークを切る →P.81
- ⑧
- ④スティークを作り身頃〈上〉を編む →P.75
- ⑧そでぐりの2目ゴム編みを編む →P.83
- ③身頃〈下〉を編む →P.73
- ①別くさりの作り目をする →P.72
- ②作り目から目を拾う →P.72
- ⑨スティークを始末する →P.84
- ⑤すそのゴム編みを編む →P.78

ウェア入門編・Vネックベスト Lesson 07

[使用糸一覧表]

糸と表示記号	色番号 英語名	使用量	糸と表示記号	色番号 英語名	使用量
A糸	101 Natural Black	35g	E糸	108 Moorit	50g
B糸	870 Cocoa	10g	F糸	105 Eesit	60g
C糸	106 Mooskit	60g	G糸	107 Mogit	25g
D糸	890 Mocha	25g	H糸	104 Natural White	25g

えりぐりとそでぐり
2色の2目ゴム編み　2号針

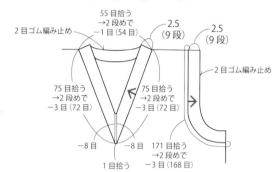

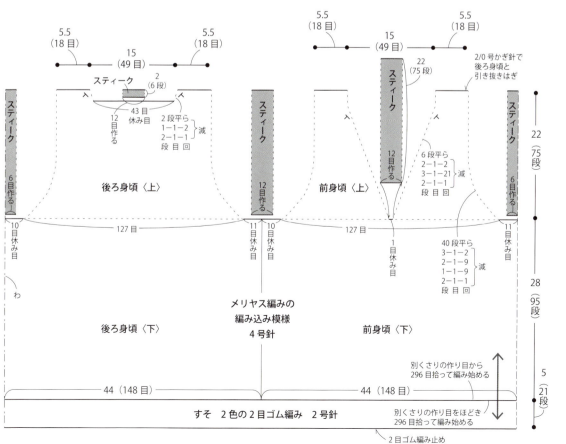

[記号図①
身頃〈下〉]

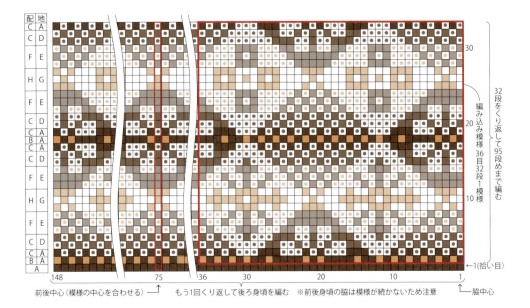

chapter 02
基礎からはじめるフェアアイルニット・レッスン

[記号図②-1
身頃〈上〉]

※身頃〈下〉95段めから続けて編む。後ろ身頃はVネック以外は前身頃と同様に編み（Vネックにあたる箇所はスティークなしで模様編みを続ける）、後ろえりぐりのみ[記号図②-2]の通りに編む

□ = | 表目
― 裏目
入 右上2目一度
人 左上2目一度
Ⓜ 巻き増し目
― 休み目

chapter 02
基礎からはじめるフェアアイルニット・レッスン

①別くさりの作り目をする

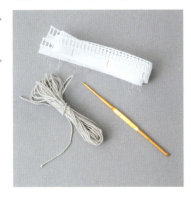

1 はしごレースと4/0号かぎ針、作り目用の別糸を用意します。

POINT! はしごレースの準備

はしごレースは、別くさりの作り目からの拾い目をしやすくするとともに、最初の数段はねじれやすい作り目の向きを安定させるために使用する便利アイテムです。使う前には、次のような準備をしておきます。

1) 片側の布部分を切っておきます。

2) 残した側の布に10目（窓10個）ごとにペンで印をつけておきます。100目めは色を変えます。目数を数えやすくするための印です。

これで準備完了。準備したレースはくり返し使えます。はしごレースはおもにウェアの身頃を編むときに使うので、よく編む寸法に合わせた目数分（およそレース2m分程度）準備しておくのがおすすめです。

2 スリップノットをかぎ針にかけ、レースの右端の窓にかぎ針を入れます。

3 かぎ針に糸をかけ、矢印のように引き抜きます。

4 別くさりの作り目が1目編めました。

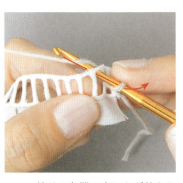

5 続けて左隣の窓にかぎ針を入れ、糸をかけて引き抜きます。

6 5をくり返して必要な目数分、または少し多めに作り目を編みます。拾い目をするときに棒針を通しやすくするため、くさり編みは少しゆるめに編んでおくのがコツです。

7 最後は約10cm残して糸を切り、最後の目から引き抜いて引きしめます。

②作り目から目を拾う

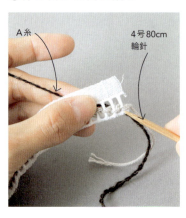

8 別くさりの作り目から目を拾います。別くさりの作り目をしたはしごレースと4号80cm輪針、A糸を写真のように持ちます。

9 別くさりの作り目の編み始め側の**裏山**（→P.17）に針先を入れます。

10 針先に糸をかけ、矢印のように引き抜きます。

11 1目拾えました。

12 10をくり返して、トータル296目拾います（この拾い目が1段めになります）。

13 拾い目の最終目側を右手、1目め側を左手に持ち、途中でねじれていないことを確認しながらはしごレースが下側にくるよう整えます。

14 はしごレースが重なる部分を目玉クリップでとめておきます。こうしておくことで輪が固定されて編みやすくなり、かつ、作り目がねじれにくくなります。

③身頃〈下〉を編む

15 身頃〈下〉2段めを編みます。A糸の編み始めの糸端にB糸を**動く玉結び**（→P.28）の方法でつけ、A糸（地糸）を右手、B糸（配色糸）を左手に持ちます。

16 拾い目の1目めに右針を入れ、A糸で表目を編みます。これで全体が輪になりました。

17 次の目を編む前に、目数リングを入れます。このベストの編み始め位置は左脇で、1目めが左脇中心になります。

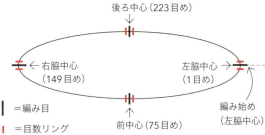

18 記号図の通りにA糸とB糸で1段編みます。途中、上図のように前中心、右脇中心、後ろ中心の目の前後には目数リングを入れます。上の写真のように最後の目のあとにリングを入れたら、2段め終了です。

POINT! 目数リングを入れるわけ

目数リングを入れて前後と脇の中心がわかるようにしておくのは、あとでスティークを作る位置の目印にするためですが、もうひとつ、編み間違いを見つけやすくする効果もあります。模様の編み間違いをなくすには、記号図と編み地をこまめに照らし合わせて確認することが大切。そのときにリングの位置を目印にすればすぐに位置がわかり、チェックしやすくなります。

19 続けて記号図の通りに7段めまで編んだら、いったん**ゲージ**(→P.40)を確認しておきます。写真のように一部分だけきれいに編み地を広げ、横10cmあたりの目数を測り、予定通りのゲージで編めているかをチェックします。なお、このときチェックするのは、横(目数)のゲージだけでOKです。縦(段数)のゲージはまだ段数自体が少なく測れないことに加え、基本的に横のゲージのほうが狂いの影響が出やすいためです。

POINT! ゲージが違っていたら

チェックしたゲージが適正ゲージと違っていても、まだ少ししか編み進んでいない段階なので、次の段から調整すれば、ほどかずに挽回することができます。ゲージの具合により、調整方法は次のどちらかです。

ゲージがゆるかった場合
→手加減をきつめにするか、針を1号細くする

ゲージがきつかった場合
→手加減をゆるめにするか、針を1号太くする

ゲージが違うと編み地の印象が変わってしまうものの、たとえばマフラーやショールなど、多少大きさが違っても使用に影響が出ないアイテムであれば、調整せずに編んでも問題はありません。
ところがウェアなどの場合、ゲージがきついまま編んでしまうと、せっかく編んだ大作が小さくて着られない!となってしまうこともありえます。そんな悲劇を避けるために、ゲージ調整が欠かせないのです。7段め以降も、ゲージはこまめにチェックして、同じ調子で編み続けられているか確認するようにしましょう。

20 身頃〈下〉95段めまで記号図の通りに模様編みをします。最後に糸は2本とも約5cm残して切ります。

④スティークを作り身頃〈上〉を編む

21 身頃〈上〉は、1段めでそでぐりとえりぐりのスティークを作ります。まず、目数リングをはずしながら最初の11目を別糸にとって休めます（→P.49）。

22 巻き増し目（→P.49）で左そでぐりのスティークを作ります。編み始めが左脇中心なので、まず半分の6目を作ります。1〜2目めはC糸とD糸のスリップノットを1目ずつ針にかけます。

23 記号図の通りに色を替えて4目巻き増し目をしました。最後の目の手前には目数リングを入れます。

24 前中心の目数リングまで記号図通りに編んだら、目数リングをはずし、前中心の1目を段数マーカーや別糸にとって休めます。

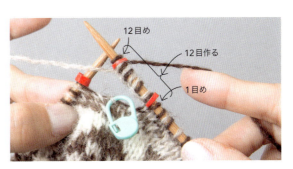

25 記号図の通りに色を替えて12目巻き増し目をして、えりぐりのスティークを作ります（1目め、11目めのあとには目数リングを入れる）。次の目数リング（右脇）まで残り10目になるまで記号図の通りに模様編みをします。

26 目数リングをはずしながら、次の21目を別糸にとって休めます。

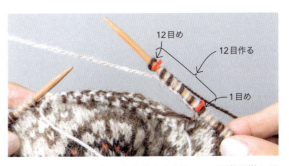

27 記号図の通りに色を替えながら、12目巻き増し目をして右そでぐりのスティークを作ります。1目めと2目め、11目めと12目めの間には、新たに目数リングを入れます。

28 後ろ身頃が残り10目になるまで記号図の通りに編んだら、10目を21で休めた目に加えて休めます。

29 記号図の通りに色を替えながら、6目**巻き増し目**をして左そでぐりの後ろ身頃側の**スティーク**を作ります。1目めと2目めの間には、新たに目数リングを入れます。

30 身頃〈上〉の1段めを編み終えたところです。左右の脇と前中心にスティーク分の作り目ができています。編み始めの目数リングははずし、後ろ中心の目数リングは位置の目印として残してあります。

31 身頃〈上〉2段め。最初に**スティーク**を5目（目数リングの手前まで）編みます。

32 次の2目で**右上2目一度**（→P.50）をします。続けて、次の目数リング（えりぐりスティークの右側）まで残り2目のところまで模様編みをします。

POINT! スティーク前後の減らし目ルール

身頃〈上〉2段めからは、スティークの前後でそでぐりとえりぐりの減らし目をします。減らし目はスティークの端の目と隣の身頃の目を2目一度しますが、必ずスティークの端の目を上にします。そのため、スティークの前（右側）では左上2目一度、後（左側）では右上2目一度となります。

スティーク前の減らし目　　スティーク後の減らし目

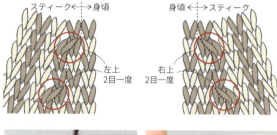

33 次の2目で**左上2目一度**（→P.51）をします（スティーク前の減らし目）。

34 次の目数リングまで**スティーク**を10目編みます。

35 次の2目で**右上2目一度**をします（スティーク後の減らし目）。

36 模様編みを続けながら、右脇と左脇の後ろ身頃側でもスティーク前後の減らし目をして段の終わりまで編みます。

37 身頃〈上〉2段め以降も、記号図の通りに模様編みと減らし目を続けて69段めまで編みます。途中、目数が減ってきて80cm輪針で編みづらくなったら、40cm輪針に替えましょう。

POINT! えりぐりスティークはだぶつく

前中心に編むえりぐりのスティークは、1目休めたところにスティークを12目編むため、スティークが編み始め付近ではだぶつきます。しかしスティークはあとで切り開くので問題ありません。気にせず編みましょう。

38 身頃〈上〉70段めで、後ろ中心にもえりぐりの**スティーク**を作ります。まず、後ろ中心の目数リングまで残り21目のところまで、記号図の通りに編みます。

39 次の43目を**別糸にとって休めます**（目数リングははずす）。

40 記号図の通りに色を替えながら、12目**巻き増し目**をして**スティーク**を作ります。1目めと2目め、11目めと12目めの間には新たに目数リングを入れます。

41 残りの目も記号図の通りに編み、70段めが終わったところです。

42 次の段からは、記号図の通りに減らし目をしながら、75段めまで模様編みを続けます。

43 これで身頃は編み終わりです。編み終わると、全体が筒状になっています。

44 全体を裏返します。糸替えをしていた右端の段の境目（左そでぐり）には、たくさん糸端があります。

45 前身頃と後ろ身頃の目を2本の4号棒針に分け、左右脇のスティークは6目ずつ前後に分けます。

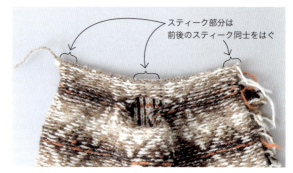

46 H糸・2/0号かぎ針で編み終わりを**引き抜きはぎ**（→P.44）します（目数リングは途中ではずす）。前後身頃の模様が合っているか確認しながら作業しましょう。

> **POINT!** 前後の目数が違っていたら
>
> 前後どちらかの身頃だけ途中で減らし目を忘れてしまった場合などに、肩で前後の目数が合わない場合があります。その場合は、引き抜きはぎをするとき、スティークと身頃の境目など、目立たないところで目数が多いほうの目を2目同時にはぐなどしてあまり分を解消しましょう。

47 表に返します。これで身頃は完成です。

⑤すそのゴム編みを編む

48 身頃の上下を逆にして、別くさりの作り目を最終目側からほどいていきます。

49 別くさりを1目ほどいて残った目を2号80cm輪針で拾い（⑦）、また別くさりを1目ほどきます（⑥）。

50 別くさりを1目ほどいては残った目を1目拾う、をくり返してすべての目を拾います。この拾い目は、段に数えません。この状態からすそを編んでいきます。

51 すそは2色の2目ゴム編みですが、1段めは身頃ときれいにつながるようすべて表目で編みます（A糸にC糸をつけA糸で表目2目、C糸で表目2目をくり返す）。

POINT! ゴム編みに合わせた目数の調整方法

このベストの身頃は296目で4の倍数なので、そのまま2目ゴム編みを編めば最初と最後がつながります。でも、もしも全体の目数が4の倍数ではなくなっている場合は、すそ1段めをひとまず4目1模様で編み進め、残り10目くらいになって最後に余る目数がわかってから、2目一度（右上でも左上でもOK）をしてあまり分を解消します（たとえば3目減らす場合は2目おきに2目一度をするなど、減らし目は分散を）。

Lesson 07
ウェア入門編・Vネックベスト

52 すそ2段めからは、記号図の通りに2色の2目ゴム編みを19段編み、最後にA糸で1色の2目ゴム編みを1段編みます。ゴム編みの長さは着る人の体にあてながら、好きな長さに調整しても。

53 編み終わりは2目ゴム編み止めをしますが、2目ゴム編み止めは手順がわかりにくいため、あらかじめ10cm分ほど表目と裏目を2本の2号棒針に分けます。

54 A糸で止めるのでC糸は切り、A糸は両手を広げた長さくらいに切ってとじ針に通します。糸はこすれて切れやすいので、一度にとりすぎないようにします。

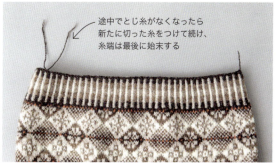

55 編み終わりを**2目ゴム編み止め**します（方法は次ページ参照）。

SPECIAL LESSON

輪編みの「2目ゴム編み止め」講座

フェアアイルのウェアの縁は、多くが2目ゴム編みになっています。2目ゴム編みの止め方は伏せ止めでもよいのですが、とじ針を使う「2目ゴム編み止め」をしたほうが伸縮性もあり、仕上がりもきれい。むずかしいとされる技法ですが、ここでは初めての人でもできるように工夫した方法をご紹介します。

2目ゴム編み止めのルール4か条

① 「表目と表目」、「裏目と裏目」を交互にくり返す

② 「表目と表目」のときのとじ針の通し方は、1目めが「手前から向こう側へ」、2目めが「向こう側から手前へ」

③ 「裏目と裏目」のときのとじ針の通し方は、1目めが「向こう側から手前へ」、2目めが「手前から向こう側へ」

④ 1目には必ず2回とじ針（とじ糸）が通り、2回めが通った目はすぐ棒針からはずす

とじ針を通す順番

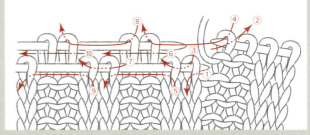

※フェアアイルヤーンは摩擦で切れやすいため、1回分は両手を広げた長さ程度に切って使い、なくなったら新たな糸を足して続けていきます。

1 両手を広げた長さ程度の糸をとじ針に通し、これから止める約10cmの表目と裏目を2本の棒針に分けます。

2 とじ針を1目め（表目）に向こう側から入れ、糸を通します（※ここではわかりやすいよう黄色の糸を使用）。

3 とじ針を最終目（裏目）に手前から入れ、糸を通します。

4 とじ針を1目め（表目）に手前から、2目め（表目）に向こう側から入れます。1目めを棒針からはずします。

5 とじ針を最終目（裏目）に向こう側から、3目め（裏目）に手前から入れます。

6 とじ針を2目め（表目）に手前から、5目め（表目）に向こう側から入れます。2目めを棒針からはずします。

7 とじ針を3目め（裏目）に向こう側から、4目め（裏目）に手前から入れます。3目めを棒針からはずします。

8 4〜7をくり返し、約10cmずつ表目と裏目を別の針に分けながら止めていきます。ときどき糸を引きしめて、写真の止め加減を目安に、ちょうどよいきつさで編み目を止めます。

9 最後は表目の最終目に手前から、1目め（表目）に向こう側からとじ針を入れ、続けて赤矢印のように最後の裏目2目に向こう側から→手前からの順でとじ針を通して終了です。

⑥えりぐりのスティークを切る

〈前身頃側〉

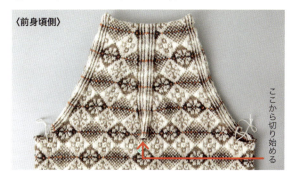

ここから切り始める

〈後ろ身頃側〉

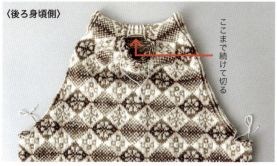

ここまで続けて切る

56 いよいよスティークを切ります。まずはえりぐりから。前中心から後ろえりぐりまで続けて切ります。

57 スティークの中心（6目めと7目めの間）を慎重にカットします。スティーク中心の2目は同じ色が並ぶように配色してあるので、「同じ色の2目の間」が位置の目安になります。後ろ身頃側の編み地を切らないように注意。

58 切り終えたところです。Vネックらしい形が見えてきました。

⑦えりぐりの2目ゴム編みを編む

休み目43目を針に移す　　別糸は最後に抜く

59 後ろえりぐりの休み目から、ゴム編みをする目を拾っていきます。ゴム編み用の2号40cm輪針で別糸にとった休み目を左身頃側から順に輪針に移します。

43目表目を編む

60 A糸をつけ、移した目の右身頃側から（編み地の表を見て編む）表目を編みます。

左肩のはぎ合わせライン　　スティーク

61 スティーク部分にきたら**拾い目**をします。スティークと模様編みの間に手前から右針を入れます。

(ア)

拾った目　(イ)

62 表目を編むように針に糸をかけ（ア）、引き出すと1目拾えます（イ）。同様に1段から1目ずつ拾います。

Lesson 07　ウェア入門編・Vネックベスト

chapter 02 基礎からはじめるフェアアイルニット・レッスン

| POINT! | スティーク部分の拾い目のコツ |

スティークと模様編みの間から拾い目をする際、針を入れるのは右上図の●の位置で、全段から1目ずつ拾います（全段から拾うのは拾う目数のバラつきをなくすため）。針を入れる位置は、記号図で模様と段数を確認すると間違いが減ります。減らし目をした箇所は、右下図のようにスティークの端の目が模様編みの端の目の上に重なっているので、下になっている模様編みの端の目（●）に針を入れて、こちらも全段から1目ずつ拾います。

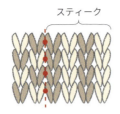
スティーク

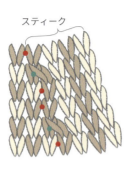
スティーク

くり返す
C糸で表目2目
A糸で表目2目

65 下のえりぐりの目数調整を参照して、2段めを編みます。2段めはA糸の糸端にC糸を動く玉結びの方法でつけ、2色で交互に表目2目を編みます。

| POINT! | えりぐりの目数調整 |

Vネックのえりぐりは、右図のように、前中心の中上3目一度を中心に2目ゴム編みを左右対称に編むときれいに仕上がります。図の編み目の配置通りに編むには、
ⓐ＝ⓑ＝4の倍数
ⓒ＝4の倍数＋2目
とする必要があり、そのための調整を2段めで行います。

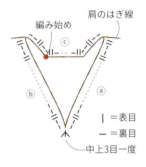
編み始め　肩のはぎ線
ⓒ
ⓑ　ⓐ
Ｉ＝表目
－＝裏目
中上3目一度

このベストは、全段から拾い目をするとⓐ〜ⓒの目数は右図のようになります。ⓐとⓑは元より少ない数で、一番近い4の倍数（72目）にするので、2段めで－3目。ⓒは元より少ない数で、一番近い4の倍数＋2目（54目）にするので、－1目。2段めで2目一度をⓐとⓑは各3回、ⓒは1回行って目数を調整します。なお、目数調整の減らし目は2目一度をⓐ〜ⓒそれぞれの範囲のなかで、ほどよく分散させて行います。

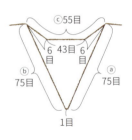
ⓒ55目
6　43目　6目
ⓑ　ⓐ
75目　75目
1目

表目を編む

元の目に段数マーカーを戻す

63 前中心にきたら、段数マーカーに休めていた1目を別針（輪針の左針）にとって表目を編み、元の目にVネックの中心の印として段数マーカーを戻しておきます。

64 右身頃側のえりぐりから後ろえりぐりまで、61〜62と同様にして拾い目を続け、えりぐりの拾い目が終わりました（えりぐり1段め）。ここで後ろ、左前身頃側、右前身頃側それぞれの目数を数えます。このとき、段数マーカーをつけた前中心の1目は数に入れません。

じつは拾い目を正確に行うのは、慣れた人でもむずかしく、なかなか予定通りにはいきません。拾った目数が指定とは違った場合、次のようにして調整をする方法もあります。
①拾った時点で調整後の目数（ⓐ・ⓑは72目、ⓒは54目）になったら、2段めの減らし目はしない
②調整後の目数＋5目（ⓐ・ⓑは77目、ⓒは59目）までなら、減らし目の回数を増やしてつじつまを合わせる
③調整後の目数－4目（ⓐ・ⓑは68目、ⓒは50目）までは調整後の目数の設定自体を－4目に変えて、2段めでその数になるよう目数調整を行う（ただしⓐとⓑは同じ数にする）

①〜③に該当しない場合は、残念ですが拾い直しましょう。

66 段数マーカーをつけた目とその前後1目ずつの計3目は毎段**中上3目一度**（→P.57）をします。中上3目一度は毎段2目ゴム編みの表目を編む色で行います。

69 そでぐりスティークを切るときじゃまにならないよう、そで側からたくさん出ている糸端を、すべて約1cmの長さに切りそろえます。

67 記号図を参照して2色の2目ゴム編みを7段（2.5cm）編み、編み終わりはA糸で**2目ゴム編み止め**（→P.80）をします。

70 表に返し、そでぐりスティークの中心を下から上へと切ります。肩の引き抜きはぎを切らないように。

POINT! 前中心部分のゴム編み止め

前中心は中上3目一度の中心の目が1目だけなので、2目ゴム止めの手順が変わります。下の図のようにとじ針を通してください。

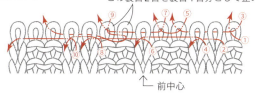

⑧そでぐりの2目ゴム編みを編む

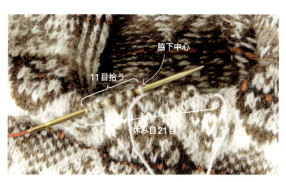

71 左脇で別糸にとって休めた21目の左側11目をゴム編み用の2号40cm輪針にとります。

68 スティークを切る前に、左そで側スティークの中央にある糸端を切ります。まず、全体を裏返します。

72 右端から、A糸をつけて表目を編みます。これで編み始めは脇下中心になります。

73 えりぐりと同じ要領で、スティークと模様編みの間から1周拾い目をします。

74 最後は別糸に休めたままの10目を輪針の左針に移し、表目を編みます。

75 1周拾い目ができました（そでぐり1段め）。ここで全体の目数を数えます。2段めはC糸をつけ、A糸とC糸で表目2目ずつを交互に編みます。あわせて**えりぐりの目数調整**（→P.82）を参考に、前身頃側と後ろ身頃側の目数をそろえ、かつ、全体の目数が4の倍数になるように調整しながら編みます。

76 記号図を参照し2目ゴム編みを7段（2.5cm）編み、編み終わりをA糸で**2目ゴム編み止め**します。

77 反対側のそでぐりも、70〜76と同様に編みます。編み終えたら段数マーカーははずします。

⑨スティークを始末する

78 全体を裏返します。裏側は、えりぐりとそでぐりのまわりにスティークが残り、編み始め位置だった左脇に糸端がたくさん出ています。最初に、えりぐりのスティークを始末します。

79 スティークがほつれないように始末します。まずスティークの端の2目は余分なので切り落とします。

80 4目になったスティークを半分に折り、端を内側に隠します。

81 とじ針にC糸（※ここでは目立たせるため赤い糸を使用）を通し、スティークの折り山を身頃の裏側にとじつけます。使用する糸はなるべく目立たない色を選び、とじ糸が表に出ないよう注意して身頃裏の編み目をすくってとじましょう。

POINT! きれいにとじるコツ

①1段ごとにすくうとがっちりつきすぎてしまうので、1段おきにすくう程度でOK。
②スティークをまち針で身頃に固定するとゆがみやすくなるので、指で押さえながらとじるのがおすすめ。
③身頃側はスティークをすくった位置の真下で、なるべく短い渡り糸をすくいます。
④とじ糸は少しきつめに引いたほうが、スティーク部分が薄く仕上がります。

82 少しとじ進めたところです。スティークの端が隠れていきます。

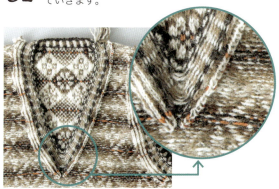

83 右側（右身頃側）をとじ終わりました。最初と最後のとじ糸の糸端はスティークの内側に隠します。

84 えりぐりの左側と左右のそでぐりのスティークも、えりぐりと同様に身頃の裏にとじつけます。

85 スティークの始末が終わりました。このあとで**水通し**（→P.31）と**ブロッキング**（→P.32）をし、乾かしたあとで**糸端始末**（→P.39）をして完成です。

Lesson 08
定番の一着！ クルーネックセーター

Vネックベストが編めたら、次にぜひ挑戦していただきたいのが、フェアアイルのウェアの定番のひとつ、クルーネックセーターです。Vネックベストとの違いは、ネックのデザインと、そでをつけること。えりぐりとそでぐりにスティークを作り、身頃を輪に編む編み方は共通です。そでもある分、編み上げるまでには時間がかかりますが、できあがれば一生ものの一枚。感動もひとしおです。

[材料と道具]

使用糸：ジェイミソンズ オブ シェットランド　スピンドリフト
※A～Kの各糸の色番号・使用量は使用糸一覧表を参照

使用針：4号輪針（40cmと80cm）、2号輪針（40cmと80cm）、4号5本棒針、2号5本棒針、4号棒針の長さ30cm程度のもの2本、2号棒針2本、かぎ針（4/0号と2/0号）、0号レース針

その他の道具：はしごレース、別糸、目玉クリップ、とじ針、はさみ、目数リング

ゲージ：メリヤス編みの編み込み模様　33目×34段（10cm四方）

サイズ：胸囲94cm　着丈60cm　そで丈54cm

[編み方ガイド]

① 身頃〈下〉まで編む→P.90
② スティークを作り、身頃〈上〉を編む→P.90
③ えりぐりスティークを作り身頃を完成させる→P.91
④ すそを編む→P.92
⑤ スティークを始末する→P.93
⑥ えりぐりの縁を編む→P.94
⑦ そでを編む→P.95
⑧ そで口を編む→P.97

[使用糸一覧表]

糸と表示記号		色番号英語名	使用量	糸と表示記号		色番号英語名	使用量
A 糸		290 Oyster	100 g	G 糸		587 Madder	45 g
B 糸	●	252 Birch	45 g	H 糸		187 Sunrise	65 g
C 糸	●	577 Chestnut	25 g	I 糸		141 Camel	40 g
D 糸		879 Copper	55 g	J 糸		578 Rust	25 g
E 糸		301 Salmon	30 g	K 糸		105 Eesit	50 g
F 糸		183 Sand	30 g				

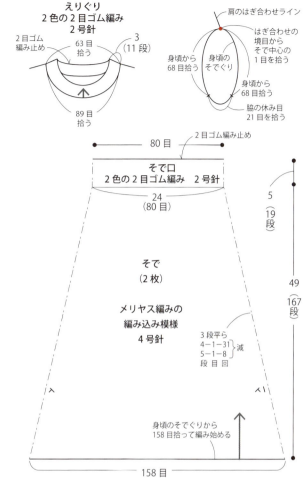

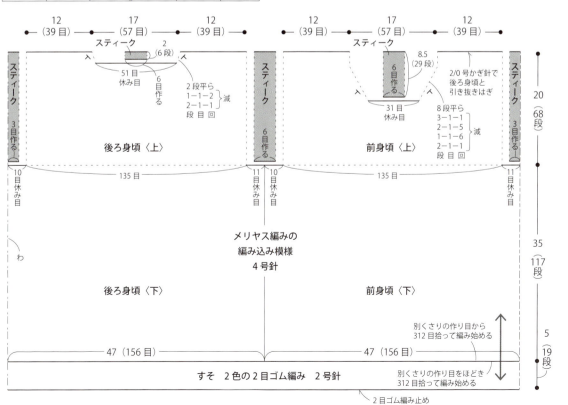

Lesson 08　定番の一着！クルーネックセーター

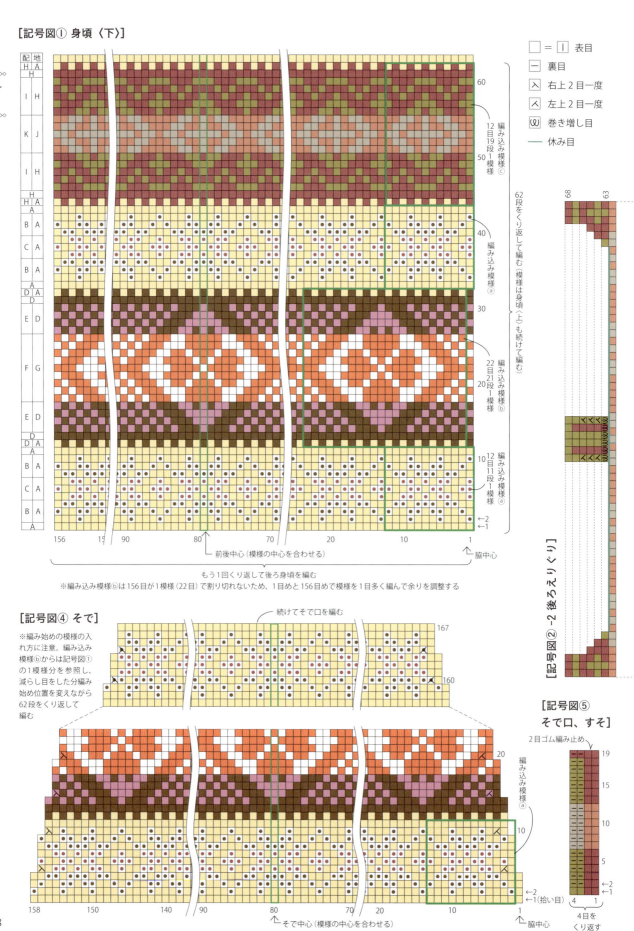

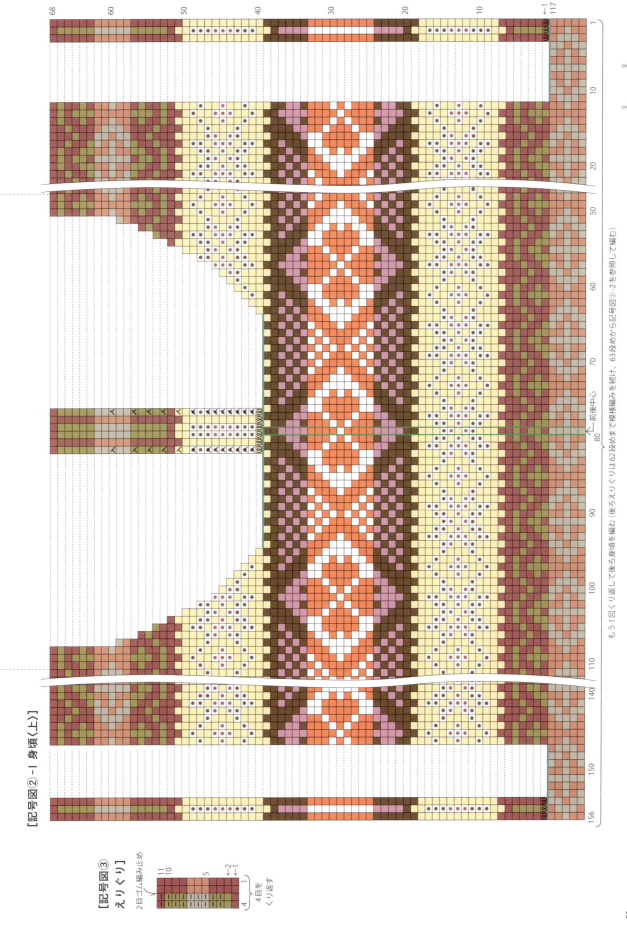

①身頃〈下〉まで編む

1 身頃〈下〉を増減目なく編むところまでの手順は「Vネックベスト」と同様です。詳しい編み方は、Vネックベストの手順1〜20（P.72〜75）を参照してください。

②スティークを作り、身頃〈上〉を編む

2 身頃〈上〉1段め。そでぐりの**スティーク**を作っていきますが、ここではVネックベストとは違う、もうひとつの方法をご紹介します。最初の11目を**別糸にとって休めます**（→P.49）。左脇の目数リングははずします。

3 H糸とI糸で記号図通りに**巻き増し目**（→P.49）をして**スティーク**分の3目を作り（1目めと2目めはスリップノット）、3目めのあとに目数リングを入れます。

> **POINT!** そでぐりスティークの目数リング
> そでつきウェアのそでぐりのようにスティーク前後の減らし目がない場合、目数リングはスティークの前後に入れます。

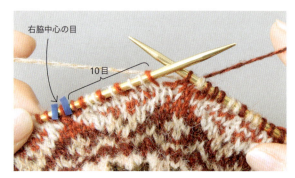

4 右脇の目数リングまで残り10目のところまで、記号図の通りに模様編みをします。

5 次の21目を別糸にとって休めます。右脇の目数リングははずします。

6 目数リングを入れてから記号図通りに**巻き増し目**をして**スティーク**分の6目を作り、6目めの後にも目数リングを入れます。

7 続けて後ろ身頃を残り10目になるまで記号図の通りに編みます。

8 次の10目を**2**で編み始めの11目を休めた別糸に加えて休めます（休み目は合計21目になる）。

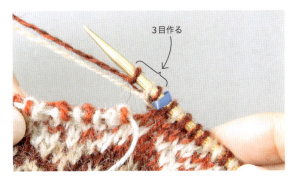

9 目数リングを入れてから記号図通りに**巻き増し目**をして**スティーク**分の3目を作ります。

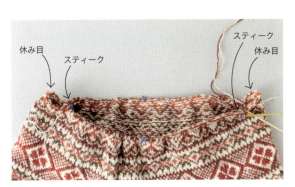

10 身頃〈上〉1段めが終わりました。左右のそでぐりに6目ずつスティークができています。

11 セーターはそでぐりの減らし目がないので39段めまで増減目なく、記号図の通りに編みます。

③えりぐりスティークを作り身頃を完成させる

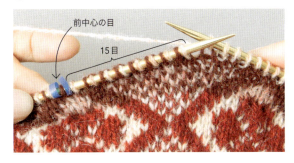

12 40段めで前身頃側のえりぐりに**スティーク**を作ります。まず、前中心の目数リングまで残り15目のところまで編みます。

13 次の31目を別糸にとって休めます。前中心のリングははずします。

14 記号図の通りに**巻き増し目**をして（ここではA糸1色）**スティーク**分の6目を作り、1目めと2目め、5目めと6目めの間に目数リングを入れます。

15 40段めが終わりました。41～62段めはえりぐりスティークの前後で減らし目をしながら編みます。

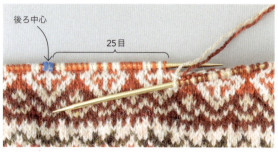

16 63段めで、後ろ身頃のえりぐりにも**スティーク**を作ります。まず、後ろ中心の目数リングまで残り25目のところまで編みます。

17 次の51目を**別糸にとって休めます**。後ろ中心の目数リングははずします。

18 記号図の通りに**巻き増し目**をして**スティーク**分の6目を作り、1目め、5目めのあとに目数リングを入れ、続きを編みます（※次の段から40cm輪針に替える）。

19 後ろえりぐりのスティーク前後でも記号図の通りに減らし目をしながら、68段めまで編みます。

20 肩を止めるので、前身頃、後ろ身頃の目を2本の針に分けます。そでぐりのスティークは3目ずつ分けます。全体を裏返します（裏返してから目を分けてもOK）。

21 I糸は約5cm残して切り、H糸・2/0号かぎ針で肩を**引き抜きはぎ**（→P.44）します。

④すそを編む

22 **別くさりの作り目をほどき**（→P.78）、すそに2色の**2目ゴム編み**を編み、H糸で**2目ゴム編み止め**をします。手順はVネックベストと同様（P.78〜80参照）。

⑤スティークを始末する

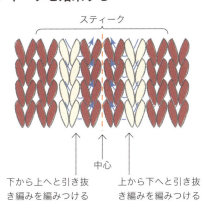

26 スティーク2段めも同様にレース針を入れ（㋐）、針先に糸をかけて矢印のように引き抜きます（㋑）。

23 このスティークの方法では、スティークを切る前に上の図のようにスティーク中心の左側（ここでは右身頃側）、右側（同じく左身頃側）それぞれに細いかぎ針（0号レース針）で編み目に**引き抜き編み**を編みつけます。引き抜き編みは縁かがりの代わりになります。

27 **引き抜き編み**が1目編めました。スティークが波打たないよう、糸を引いて編み目を小さくします。

24 まず、えりぐりのスティークの右身頃側にかぎ針で**引き抜き編み**を編みつけます。スティーク1段めの中心から1目めと2目めの半目ずつ（**23**の図の矢印が通っている箇所）に、写真のようにレース針を入れます。

28 以後、**26**をくり返して後ろえりぐりのスティークの端まで**引き抜き編み**を続けます。

POINT! 引き抜き編みは全目に編む

引き抜き編みは、スティークの縁かがりの代わりなので、あとでほつれないよう必ずスティーク全目に編みます。

25 針先に糸をかけて引き抜きます。使用する糸は、ここでは目立つよう黄色を使用していますが、実際には目立ちにくい色を使用してください。

29 スティークの端まで**引き抜き編み**をしたら、最後は糸端を約10cm残して切り、最終目から引き抜いて引きしめます。

30 えりぐりスティークの左身頃側にも、24〜29と同様に引き抜き編みを編みつけますが、左身頃側は後ろえりぐりから前えりぐりへと編みます。

31 スティークの中心を慎重に切ります。

32 切り終えると、写真のようになります。スティークはすでに端の処理がすんでいるので、切りっぱなしでOK。本体にとじつける必要はありません。

⑥えりぐりの縁を編む

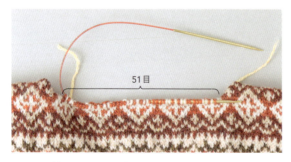

33 後ろえりぐりの休み目を、左身頃側からゴム編み用の2号40cm輪針に移します。

34 移した目の右端にH糸をつけ、移した51目すべて表目を編みます。

35 左身頃側のスティークのところまできたら、スティーク部分の拾い目（→P.81）をします。

POINT! 拾い目はかぎ針でもできる

スティーク部分の拾い目が棒針でうまくできない場合は、かぎ針を使っても。かぎ針を使う場合は、棒針で拾う場合と同じ位置にかぎ針を入れ、糸をかけて引き出し（㋐）、引き出したループの右側が手前になるように右針にかけ（㋑）、最後に編み糸を引きしめます。

36 前えりぐりの休み目まできたら、左身頃側から休み目を輪針の左針に移し、表目を編みます。

37 右身頃側のスティークからも**35**と同様に拾い目をすれば1段め終了です。ここで全体の目数を数えて4の倍数になっているかを確認し、余る目があれば2段めで調整します（→P.79「ゴム編みに合わせた目数の調整方法」）。

38 2段めからは記号図の通りに、2色の2目ゴム編みを10段編み、編み終わりを**2目ゴム編み止め**（→P.80）をします〈**伏せ止め**（→P.31）でもOK〉。

| POINT! | 2種類のスティークの違い |

このセーターでご紹介したスティークの編み方は、スティークをなるべく簡単に、スッキリ仕上げるために考案したもの。従来のとじつける方法とは、次のような違いがあります。

〈とじつける方法〉
・スティークの目数は一般的に10〜14目程度
・スティークを切ってから始末する
・とじつける前に、余分なスティークを2〜3目切り落とす
・切った端を内側に折り込んでとじるため、スティーク部分に厚みが出て表から見てぼこっとした仕上がりになりやすい
・とじ針があれば処理できる

〈引き抜き編みの方法〉
・スティークの目数は6目で、とじつける方法の半分
・スティークを切る前に引き抜き編みを編みつける
・スティークに余分な部分がないのでムダがない
・スティークを本体にとじつけないので、表から見てスッキリ仕上がる
・レース針が必要になる

最近は教室で糸のムダがなくスッキリ仕上がる「引き抜き編みの方法」をおすすめしていますが、かぎ針編みが苦手、スティークの目数が少ないと不安、といった場合には、とじつける方法がおすすめ。自分に合った方法を選びましょう。

⑦そでを編む

39 そでのスティーク（ここでは左そで）にも**24〜30**と同様に**引き抜き編み**を編みつけますが、そでの場合は〈脇下〜肩〜反対側の身頃の脇下〉と続けて編みます。

40 スティークの中心を慎重に切ります（左そで側の編み始めの糸はP.83手順**69**と同様に切っておく）。

41 そで用の4号40cm輪針に、脇の休み目の左側11目を左端から順に移します。

42 移した目の右端から、A糸で表目を編みます。1目めと2目めの間には目数リングを入れます。

46 続けて脇の休み目の手前まで、**スティーク部分の拾い目**をします。

43 スティークのところまできたら、肩のはぎ合わせ位置まで**スティーク部分の拾い目**をします。

47 休み目の残りを左針に移し、表目を編みます。最後の目のあとには目数リングを入れます。

44 肩のはぎ合わせ位置まできたら、前後身頃の境目に右針を入れ(ア)、1目拾います(イ)。

48 そで1段めが終わりました。脇下中心とそで中心の前後に、それぞれ目数リングが入っています。

45 拾った目がそで中心になるので、前後に目数リングを入れて目印にしておきます。

49 2段めから4段めまでは、増減目なしで記号図の通りに模様編みを編みます。

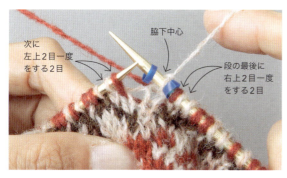

50 5段めはそで下の減らし目をします。脇下中心（1目め）の前後で行うので、まず1目めを編みます。

51 次の2目で**左上2目一度**（→P.51）をします。

52 残り2目になるまで記号図の通りに模様編みをし、次の2目で**右上2目一度**（→P.50）をします。

53 記号図の通りに模様編みを続け、減らし目の段では毎段**50**〜**52**のように編み、167段めまで編みます。目数が減り編みづらくなったら5本棒針に替えます。

⑧そで口を編む

54 そで口1段め。H糸とI糸をつけ、ゴム編み用の2号針に替えながら2目ずつ交互に表目を編みます。残り10目くらいになったら残りの目数を確認し、2目ゴム編みを編むための目数の調整をします（→P.79）。

55 記号図の通りに2色の2目ゴム編みを18段めまで編み、H糸で1色の2目ゴム編みを1段編んでから、**2目ゴム編み止め**をします（**伏せ止め**でもOK）。

56 反対側のそでも**39**〜**55**と同様に編めば、編み上がり。このあと**水通し**（→P.31）と**ブロッキング**（→P.32）をし、乾いてから**糸端始末**（→P.39）をすればできあがり。

Lesson 09
ウェア中級編・クルーネックカーディガン

編み込みのおかげで見た目の美しさだけでなく、防寒性にもすぐれたフェアアイルニット。でも、冬の室内は暖房で暖かいことが多いので、セーターより、脱ぎ着しやすいカーディガンのほうが便利かもしれません。セーターとカーディガンの違いは、なんといっても前開きデザインのための「前立て」があること。難易度は少し上がりますが、慎重に進めれば大丈夫。身頃の最初から前立て用のスティークを編むのがポイントです。

[材料と道具]

使用糸：ジェイミソン&スミス　2プライジャンパーウェイト
　※A〜Gの各糸の色番号・使用量は使用糸一覧表を参照
その他の材料：直径15mmのボタン7個
使用針：4号輪針(40cmと80cm)、2号輪針(40cmと80cm)、4号5本棒針、2号5本棒針、4号棒針の長さ30cm程度のもの2本、2号棒針2本、かぎ針(4/0号と2/0号)、0〜1号の棒針2本
その他の道具：はしごレース、別糸、目玉クリップ、とじ針、はさみ、目数リング、段数マーカー
ゲージ：メリヤス編みの編み込み模様　33目×34段(10cm四方)
サイズ：胸囲94cm　着丈62cm　そで丈54.5cm

[編み方ガイド]

①前中心スティークと身頃〈下〉を編む→P.103
②えりぐり開始位置まで身頃〈上〉を編む→P.103
③えりぐりを作り、身頃を仕上げる→P.104
④すその2目ゴム編みを編む→P.106
⑤えりぐりの2目ゴム編みを編む→P.106
⑥そでを編む→P.107
⑦前立てを編む→P.108
⑧仕上げの始末をする→P.111

[使用糸一覧表]

糸と表示記号	色番号色名	使用量	糸と表示記号	色番号色名	使用量
A糸	81(濃グレー)	120g	E糸	202(ベージュ)	80g
B糸	9113(赤)	15g	F糸	27(薄グレー)	80g
C糸	2(薄茶)	70g	G糸	1A(白)	60g
D糸	54(グレー)	120g			

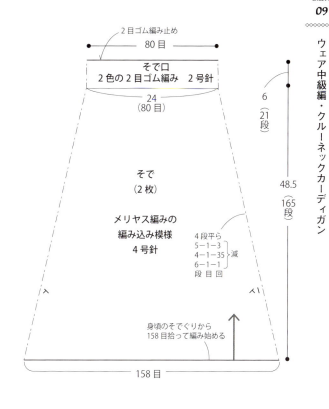

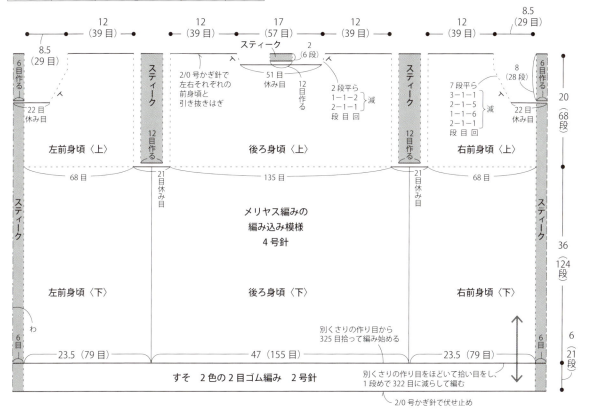

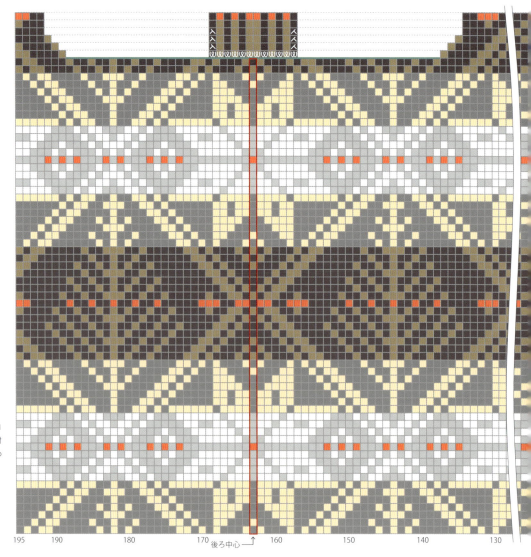
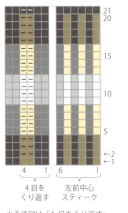
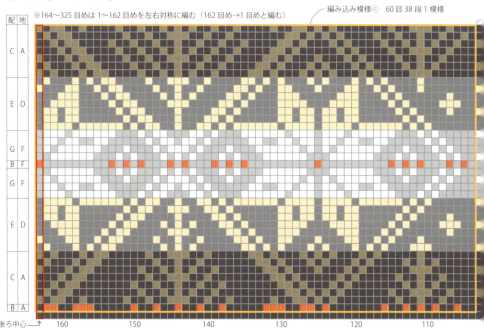

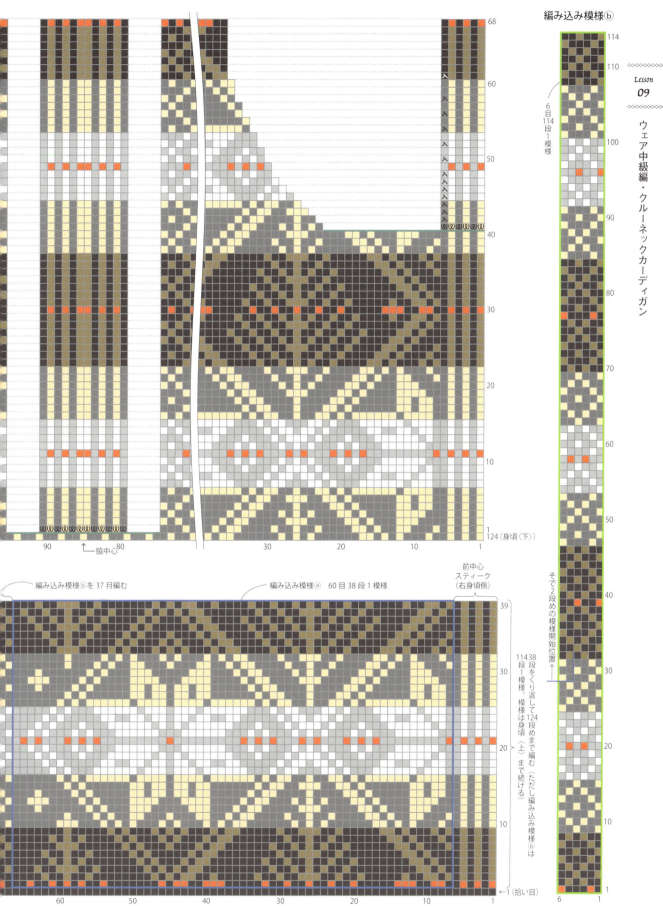

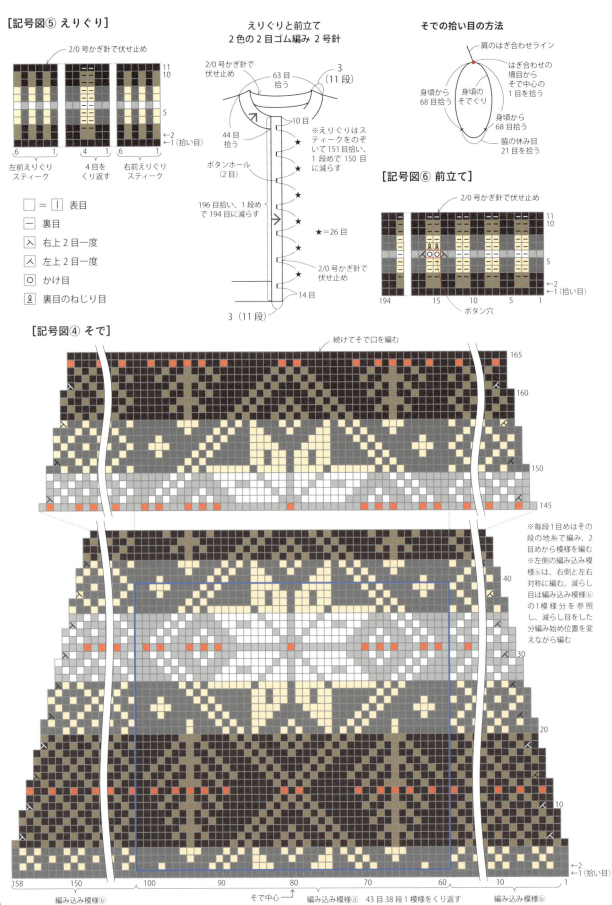

①前中心スティークと身頃〈下〉を編む

1 はしごレースに**別くさりの作り目**（→P.72）をします。このとき、身頃の目数に前立て用のスティーク12目分を足した325目拾えるようにくさり編みをします。

2 身頃〈下〉1段めはA糸で拾い目をします。前立てがある場合、前中心から編み始め、右前身頃→後ろ身頃→左前身頃の順に編むので、右前身頃側スティーク6目→右前身頃→後ろ身頃→左前身頃→左前身頃側スティーク6目、の順に拾います。

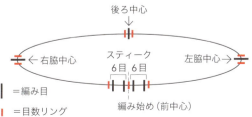

3 2段めは最初にB糸を**動く玉結び**（→P.28）の方法でつけ、全体を輪にして上図の位置に合計9個の目数リングを入れて、記号図の通りに模様編みをします。

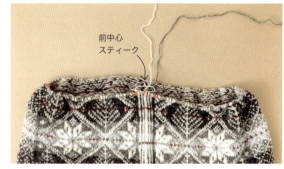

4 3段めからは記号図の通りに増減目なしで124段めまで編みます。途中、7段めで**ゲージ**（→P.40）を確認し、手加減を調整しておきましょう。

②えりぐり開始位置まで身頃〈上〉を編む

5 身頃〈上〉1段めで、そでのスティークを作ります。まず、右前身頃のスティークを編み、右脇の目数リングまで残り10目のところまで記号図の通りに編みます。

6 次の21目を**別糸にとって休めます**（→P.49）。右脇の目数リングははずします。

7 記号図を参照し、**巻き増し目**（→P.49）で12目**スティーク**を作り、前後に目数リングを入れます。

POINT! スティークは好みの方法で

スティークの編み方は「引き抜き編みの方法」(→P.93)に変えてもOK。その場合はスティークの目数を6目に変えます。

8 左脇の目数リングまで残り10目のところまで、後ろ身頃を記号図の通りに編みます。

9 次の21目を**別糸にとって休めます**。左脇の目数リングははずします。

10 7と同様に**スティーク**を作り、目数リングを入れます。

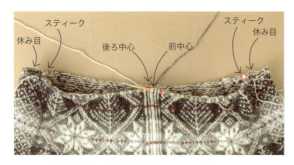

11 左前身頃と左前身頃側の**スティーク**を記号図の通りに編み、1段めが終わりました。

12 増減目なしで身頃〈上〉の40段めまで記号図の通りに編み、いったん糸を2本とも切ります。

③えりぐりを作り、身頃を仕上げる

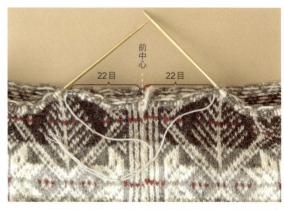

13 41段め。編み始めからの22目(スティーク6目+右前身頃16目)と、編み終わりからの22目(スティーク6目+左前身頃16目)を**別糸にとって休めます**。前立て用のスティークはここで終了です。前中心の目数リングははずします。

14 えりぐりの**スティーク**を作ります。編み始めは引き続き前中心なので、記号図を参照し、まず右身頃側のスティーク6目を作ります(1目めと2目めはスリップノット)。5目めと6目めの間に目数リングを入れます。

15 41段めを1周ぐるりと左前身頃まで記号図の通りに編み、最後に左前身頃側の**スティーク**6目を作ります。1目めと2目めの間には目数リングを入れます。

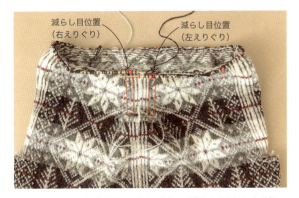

16 記号図を参照してえりぐりの減らし目をしながら、身頃〈上〉の62段めまで編みます。

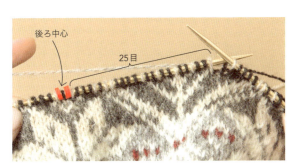

17 63段めで後ろえりぐり側の**スティーク**を作ります。後ろ中心の目数リングまで残り25目のところまで記号図の通りに編みます。

18 次の51目を**別糸にとって休めます**。後ろ中心の目数リングははずします。

19 記号図を参照して、**スティーク**12目を作ります。1目めと2目め、11目めと12目めの間には目数リングを入れます（次の段から40cm輪針に替える）。

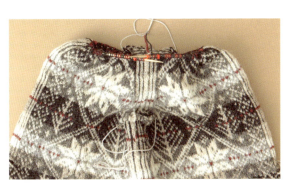

20 後ろえりぐり側も記号図の通りに減らし目をしながら68段めまで編み、糸は2本とも切ります。

21 全体を裏返し、左右そでスティークの中央から前身頃と後ろ身頃の目を2本の針に分けます。

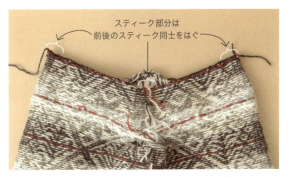

22 A糸・2/0号かぎ針で肩を**引き抜きはぎ**（→P.44）します。

Lesson 09 ウェア中級編・クルーネックカーディガン

④すその2目ゴム編みを編む

23 身頃を上下反対に持ち替え、**別くさりの作り目をほどき**(→P.78) 編み目を2号80cm輪針に移します。

24 すそ1段め。前中心にA糸とC糸をつけ、左身頃側のスティーク6目を編んだら、2色で2目ずつ交互に表目を編みます(最初の2目はゴム編みの表目になる色)。

25 スティークをのぞいて残り10目くらいになったら、残りの目数を確認します。前立てつきデザインは、すその2目ゴム編みの最初と最後を表目2目にします。それをふまえて目数を確認し、余る目は2目一度で減らします。

26 目数リングを入れ、右身頃側の前中心スティーク6目を編んで、1段めが終わりました。

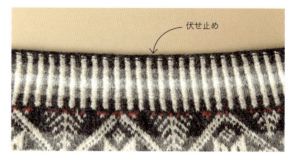

27 2段めからはスティークと2色の2目ゴム編みを記号図の通りに19段編み、最後にA糸で1段1色の2目ゴム編みを編み、スティーク部分がメリヤス編みでゴム編み止めができないので、A糸で**伏せ止め**(→P.31) します。

⑤えりぐりの2目ゴム編みを編む

28 えりぐりスティークを前中心から慎重に切ります(編み始めの糸端はP.83手順**69**と同様に切る)。

29 **13**で別糸に休めた目のうち、右身頃側の半分(22目)をゴム編み用の2号40cm輪針にとり、A糸をつけてスティークの6目を編み、目数リングを入れます。

30 残りの右身頃の16目も続けてA糸で表目を編みます。編み終わるとスティークの手前にきます。

31 右身頃側のスティーク部分にきたら、**スティーク部分の拾い目**（→P.81）をします。

32 後ろえりぐりの休み目は左針に移し、A糸で表目を編みます。編み終わると、左身頃側スティークの手前にきます。

33 続けて左身頃側のスティーク部分から、**スティーク部分の拾い目**をします。

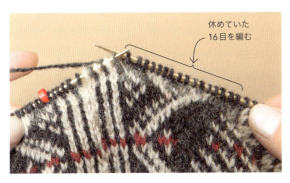

34 スティーク部分が終わったら、左身頃側の休み目22目を左針に移し、A糸で表目を16目編みます。

35 目数リングを入れ、スティーク6目を編んだら、1段め終了です。

36 2段めで**25**と同様に2目ゴム編みの最初と最後の2目が表目になるよう目数を調整し、11段めまで記号図の通りに2色の2目ゴム編みを編みます。最後はA糸・2/0号かぎ針で**伏せ止め**します（記号図⑤参照）。

⑥そでを編む

37 脇スティークを処理し、左右のそでを編みます。編み方は「クルーネックセーター」と同様に（→P.95。スティークは方法に即して始末してください）。

⑦前立てを編む

38 前立てスティークを切る前に、全体を裏返して前中心から出ている糸端を約1cm残して切ります。

39 前立てスティークの中心をすそ側からえりぐり側まで慎重に切ります。

40 ボタン穴を編む側（ここでは右身頃側）から編みます。すそ側からゴム編み用の2号80cm輪針で**スティーク部分の拾い目**をします。拾い目は1段から1目ずつ。

41 拾い目（前立て1段め）が終わりました。前立ては輪にならないので、1段編むごとに糸を切り、次の段は編み始め側に糸をつけて、毎段表側を見て編みます（2色の2目ゴム編みの往復編みはむずかしいため）。

42 25と同様に、2段めで最初と最後の2目が表目になるよう目数を調整し、5段めまで記号図の通りに2色の2目ゴム編みを編みます。

43 ボタン穴を作る位置の2目分に段数マーカーをつけておきます。

POINT! ボタン位置の決め方

ボタン穴は一般的に、前立ての合計段数の中央付近で、ゴム編みの裏目の位置に作ります。サイズ調整をして身頃の段数を変えた場合などは、次のようにしてボタン穴の位置を決めてください。

1) 一番下と一番上は、それぞれ端から2番めの裏目の位置
2) 残りはつけたいボタンの数に合わせて均等に配置する（すべて裏目の位置にする）
3) 目数により、うまく均等に配置できない場合はボタンの数を変えて調整する

44 前立て6段め。最初のボタン穴位置直前の表目1目めまで編みます。

45 表目2目めと次の裏目で**右上2目一度**（→P.50）をします。

49 これで完了。あとは記号図を参照し、ボタン穴位置で**45〜48**をくり返します。

53 **48**と同様にして、D糸をたるませます。

46 G糸を2回右針に巻きつけ、2目分**かけ目**（→P.24）をする。

50 前立て7段め。最初のボタン穴位置の手前まで編みます。

54 ボタン穴位置で**51〜53**をくり返して7段めを編みます。

47 裏目2目めと次の表目で**左上2目一度**（→P.51）をします。

51 6段めのかけ目に写真のように右針を入れ、E糸で裏目を編みます（**裏目のねじり目を編む**）。

55 8段め。ボタン穴位置直前の表目1目めまで編みます。

48 編み地の向こう側の渡り糸（F糸）を指で引き出し、指1本入るくらいたるませておきます。

52 2目めのかけ目もE糸で**裏目のねじり目**を編み、D糸に替えて次の表目も編みます。

56 次の表目を編む前に、6段めと7段めでたるませた2本の糸を左針にかけます。

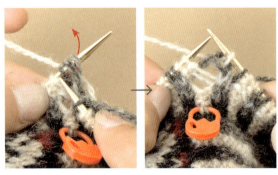

57 かけた糸と一緒に次の表目を編みます。これでボタン穴の裏側の渡り糸が8段めに編み込まれました。

58 ボタン穴位置の裏目2目を編みます。

59 次の表目も56〜57と同様に編みます。これで渡り糸がなくなり、ボタン穴ができあがりました。

60 ボタン穴位置で56〜59をくり返して8段めを編み、9段め以降は記号図の通りに2色の2目ゴム編みを編み、最後は2/0号かぎ針で**伏せ止め**します。

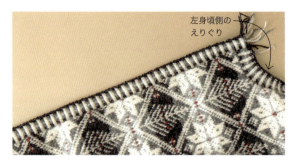

61 左身頃側の前立ては、ボタン穴なしで右前立てと同様に編みます。2段めでは、右前立てと目数が同じになるよう、目数調整を行います。

62 左右の前立てが編めました。前立ての上下の端には各段の糸端が残っています。

63 前立てと身頃の端をならすと、少し段差があります。次はこの段差をなくす始末をします。

64 最初に前立ての端の表目2目の間から、1段につき1目ずつA糸で(ここでは目立つよう黄色を使用)拾い目をします。なるべくきつく編みたいので、針は1号か0号を使用します。小物用の短針が編みやすくおすすめです。

65 すそのゴム編みの端と同じ高さになるまで、**往復編みでガーター編み**をします（毎段表目を編む）。ただし、編み終わりの糸端を次のとじ作業に使うので、身頃の反対側で編み終わる段数分にします。

66 **伏せ止め**し（元々段差が少ない場合は拾い目の次の段で伏せ止めをしてもOK）、糸端を約15cm残して切ります。

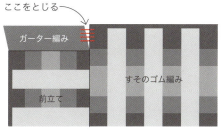

67 糸端をとじ針に通し、ガーター編みの端をすそのゴム編みの端にとじつけます。

68 始末が終わりました。身頃と前立ての段差がなくなっています。ゴム編みやメリヤス編みの編み地は端が丸まってしまいがちですが、ガーター編みを編むことで、前立ての端の丸まりを防ぐ効果もあります。

69 前立ての端に出ている糸端はとじ針に通し、裏側で同じ色の編み目に通して切ります。ほかの3か所の前立ての端も、**64**からここまでと同様に編みます。

⑧仕上げの始末をする

70 えりぐり、そでぐり、前立て端の**スティークを始末**（→P.84）して**水通し**（→P.31）と**ブロッキング**（→P.32）をし、乾いたら**糸端始末**（→P.39）をし、ボタンをつければ完成です。

Lesson
10
ウェア上級編・Vネックの前開きベスト

最後の課題はVネックの前開きベストです。Vネックベスト（→P.68）とクルーネックカーディガン（→P.98）の要素を合わせたようなデザインで、基本的にはこれまでのレッスンに登場した編み方を組み合わせれば編み上げることができます。そこでこのレッスンでは、次ページの編み方図と記号図を自分で読み解きながら、一着編むことに挑戦してみましょう。フェアアイル・レッスンの総まとめです。

[材料と道具]

使用糸：ジェイミソンズ オブ シェットランド　スピンドリフト
※A〜Iの各糸の色番号・使用量は使用糸一覧表を参照
その他の材料：直径15mmのボタン5個
使用針：4号輪針（40cmと80cm）、2号輪針（40cmと80cm）、4号棒針の長さ30cm程度のもの2本、2号棒針2本、かぎ針（4/0号と2/0号）、0〜1号の棒針2本
その他の道具：はしごレース、別糸、目玉クリップ、とじ針、はさみ、目数リング、段数マーカー
ゲージ：メリヤス編みの編み込み模様　33目×34段（10cm四方）
サイズ：胸囲90cm　着丈55cm　肩幅32cm

[使用糸一覧表]

糸と表示記号	色番号英語名	使用量
A糸	1130 Lichen	50g
B糸	677 Stonewash	20g
C糸	596 Clover	15g
D糸	292 Pine Forest	65g
E糸	179 Buttermilk	40g
F糸	336 Conifer	30g
G糸	343 Ivory	35g
H糸	104 Natural White	5g
I糸	259 Leprechaun	5g

[編み方]

① 別くさりの作り目からA糸・4号針で313目拾い、輪にして身頃〈下〉を編む。前中心にはスティークを作る。
② 身頃〈下〉から模様編みを続けながら、そでぐりのスティークを作り、前中心とそでぐりの減らし目をして身頃〈上〉を編む。
③ 肩を2/0号かぎ針で引き抜きはぎする。
④ 別くさりの作り目をほどいて残った目を2号針で拾い、すその2色の2目ゴム編みを編む。
⑤ そでぐりのスティークを切り、そでぐりを編む。
⑥ 前中心のスティークを切り、前立てを編む。前立ては右身頃側から左身頃側までひと続きに編み、1段ごとに糸を切る（P.108の前立ての編み方参照）。右身頃側にはボタン穴を作る。
⑦ スティークを始末し（→P.84）、水通し（→P.31）とブロッキング（→P.32）をし、乾いたら糸端始末（→P.39）をしてボタンをつける。

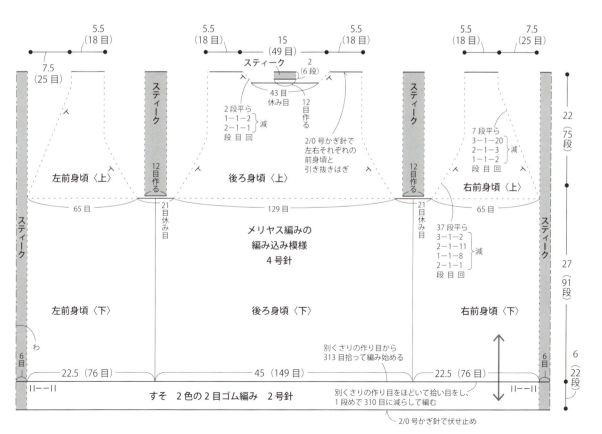

[記号図①基本の編み込み模様] ※身頃、すそ、そでぐりと前立ての記号図はカバー裏面参照

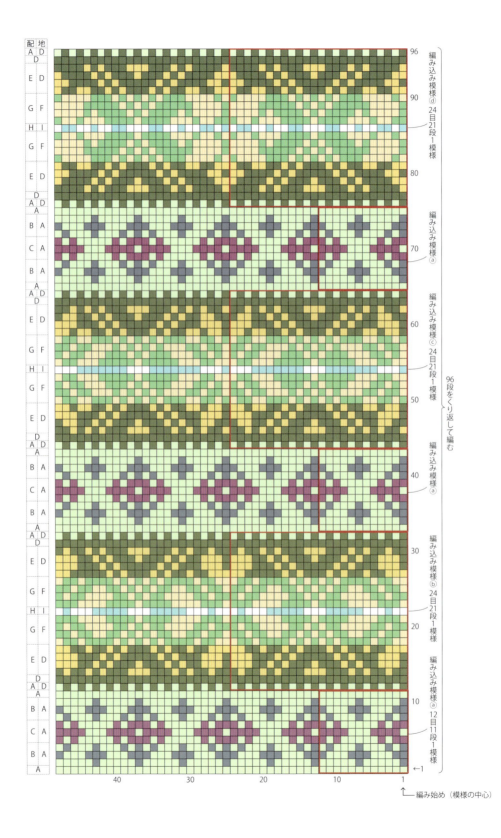

chapter 03

アレンジ自在！
フェアアイル模様カタログ

模様とサイズのアレンジについて

模様配置のポイント

自分のサイズや好みに合わせてフェアアイルニットをアレンジする際、模様配置のポイントがおもにふたつあります。

①ウェアの場合なら前後身頃の中心、そで中心など、左右対称なパーツの中心に模様の中心を合わせ、その中心から左右へ対称に模様を展開してくり返し回数を決める
②そでつきウェアの場合、身頃の編み始め部分とそでの編み終わり部分の模様がそろっていると着たときにきれいに見えるので、そでの模様は編み終わり側を起点にして配置する

具体的にどのようにしてアレンジするのか、簡単な方法をP.86のクルーネックセーターを例にご紹介します。

セーターのアレンジ例

私は現在、一般的なウェアサイズや教室の生徒さんたちから得たデータをもとにした、次のようなサイズ表を使ってウェアをデザインしています。本書のウェアはこのサイズ表の標準としているSサイズが基準となっています。

	SS	S	M	L
身幅	44cm	47cm	50cm	53cm
着丈	58cm	60cm	63cm	66cm
そで丈	54cm	54cm	54cm	54cm

サイズを変える場合、上の表を使用するほか、ふだん着ているセーターを計測して「自分サイズ」を決めるのもおすすめです。では、身幅を47→53cm、着丈を60→66cm、そで丈を54→56cmと変える場合を考えてみましょう。

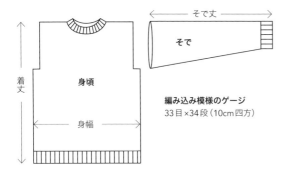

編み込み模様のゲージ
33目×34段（10cm四方）

〈身幅の調整〉
身幅を広げる6cmは、ゲージをもとに目数に換算すると、
33目×0.6＝19.8目≒20目
となります。これを身頃の左右に均等に振り分けて、左右へ10目ずつ模様を伸ばします。身頃の目数は前後身頃が各176目、合計352目となります。

〈着丈の調整〉
着丈を伸ばす6cmは、ゲージをもとに段数に換算すると、
34段×0.6＝20.4≒20段
となります。これを身頃〈下〉と身頃〈上〉にどう配分するかは、着る人の体型を計測して決めましょう。ここでは身頃〈下〉に14段（4cm）、身頃〈上〉に6段（2cm）増やすとします。この場合、身頃〈下〉は131段、身頃〈上〉は74段となります。これに合わせてそでぐりとえりぐりのスティーク開始位置もずらします。段数が増える分、肩の編み終わりの模様が変わります。本来は1模様の区切りや模様の半分で編み終えたほうが、前後の肩をはいだとき、よりきれいに納まりますが、フェアアイルは基本的に前後同じ模様を編むので、どこで編み終えても前後で模様がずれることはありません。

〈そで丈の調整〉
そで丈を伸ばす2cmは、ゲージをもとに段数に換算すると、
34段×0.2＝6.8≒7段
となります。これをそでの編み始め側に加えて、そでの段数を174段とします。減らし目の仕方は変更せず、増えた7段分は、最後の平らに編む段数を3段→10段とします。
なお、この調整方法では、身幅を増やした分肩幅も広がるので、そで丈の調整寸法を決める際は、裄丈（背中心からそで口までの寸法）を測り、そこから肩幅（肩部分の身幅）の半分を差し引いて算出してください。

〈身頃〈上〉の段数を変えた場合のそでぐり幅の調整〉
身頃〈上〉の段数を変えた場合、そでぐり幅の調整も必要になります。そでは身頃〈上〉から1段につき1目拾って編み始めるため、身頃〈上〉を6段増やした場合、前後身頃合わせて12段増えており、そでの編み始めの拾い目の数が12目増えることになります。この場合、身幅の調整と同様左右に均等に振り分けて、左右へ6目ずつ模様を伸ばします。そでの編み始めの目数は12目増えて170目となります。ちなみにこの調整方法の場合、減らし目の回数は変更しないため、目数を増やしたぶん、そで口の寸法も広がります。

以上でサイズ調整は完了です。なお、着丈やそで丈は、1～2cmであればゴム編みの長さを変えるだけでも調整可能で、より簡単です。

デザインのバリエーションは無限大

模様を変えたい場合も、基本的な考え方は同じ。横方向は最初に中心を決め、そこに使いたい模様の中心を合わせて左右へ広げます。縦方向は編み始めに模様のスタートを合わせ、編む寸法に合わせて模様のくり返し回数を決めます。次ページからご紹介するオリジナルパターン（模様）を、Chapter 02でご紹介した作品の模様に置き換えれば、ひとつの作品が何通りものデザインで楽しめますよ。

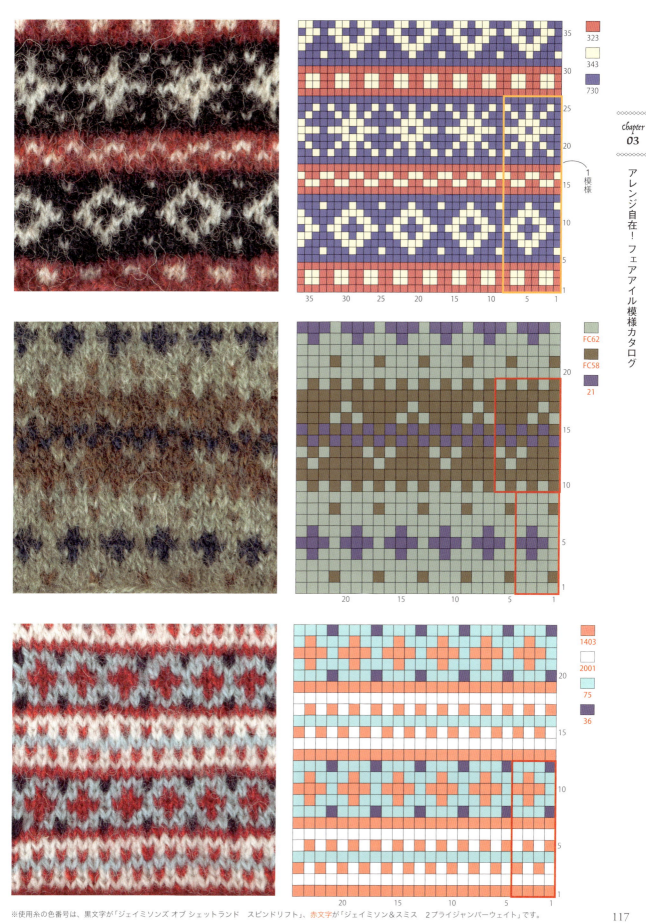

chapter 03

アレンジ自在！フェアアイル模様カタログ

※写真は原寸の約68％

118

chapter *03* アレンジ自在！フェアアイル模様カタログ

chapter 03

アレンジ自在！フェアアイル模様カタログ

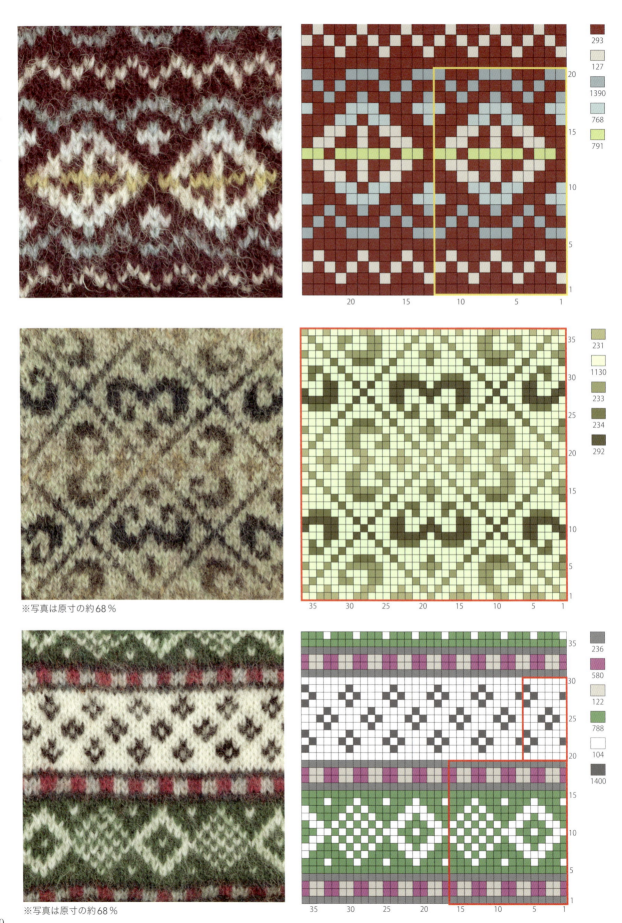

※写真は原寸の約68％

※写真は原寸の約68％

120

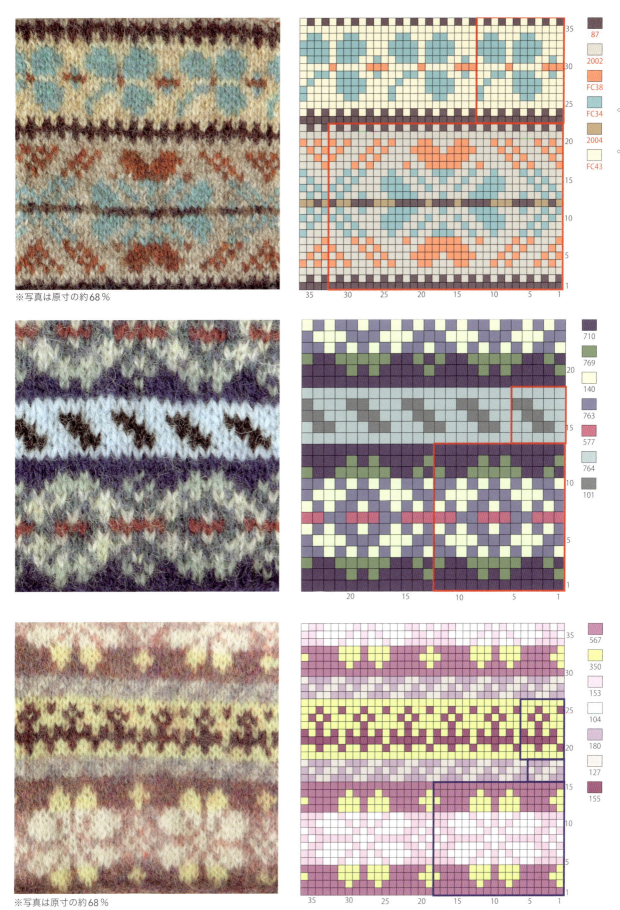

chapter 03

アレンジ自在！フェアアイル模様カタログ

※写真は原寸の約68%

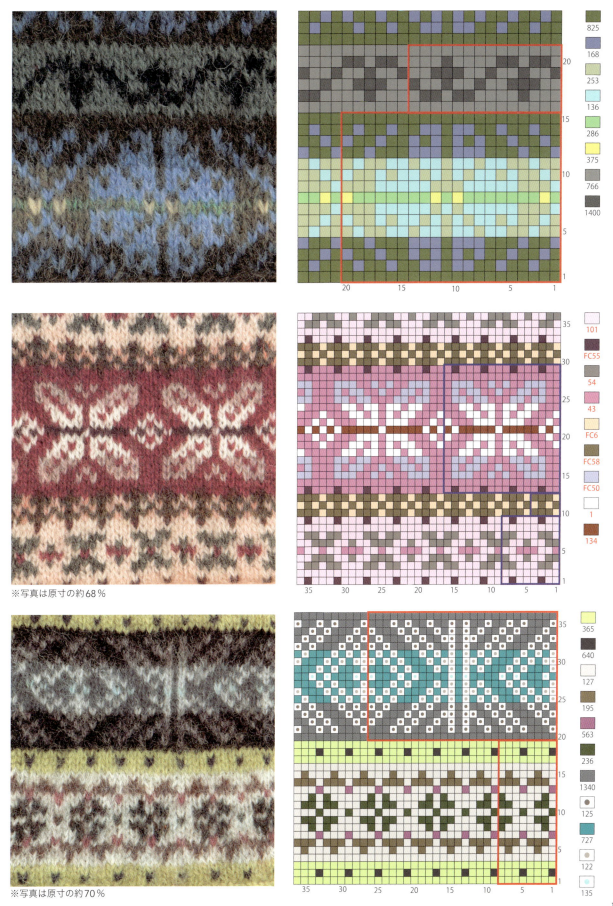

chapter
03

アレンジ自在！
フェアアイル模様カタログ

※写真は原寸の約68％

※写真は原寸の約68％

124

※写真は原寸の約68%

chapter 03
アレンジ自在！フェアアイル模様カタログ

125

chapter 03

アレンジ自在！フェアアイル模様カタログ

126

chapter 03

アレンジ自在！ フェアアイル模様カタログ

著者プロフィール

Blue & Brown
高橋亜子　Ako Takahashi
フェアアイル作家・講師。幼い頃から編み物に親しんで育ち、学生時代には日本ヴォーグ学園で編み物を学び、手編み指導員の資格を取得。20年ほど前からフェアアイルニットや北欧の編み物への関心を深め、独学で技法を学ぶ。2004年頃から広島でオリジナルニットのオーダーメイド販売や個人向けレッスンを開始。フェアアイルニット専門の編み物教室運営を経て、2021年よりオンラインでのフェアアイル講座をスタート。きめ細やかな指導が評判となり、受講まで1年待ちの人気講座となっている。講座のほか、全国各地でのワークショップなども実施している。
Instagram　@takahashi.ako
ブログURL　bluebrown610.blog.fc2.com/
※講座情報はInstagramでご確認ください

はじめてのフェアアイルニット

2018年10月15日　初版第1刷発行
2025年2月22日　第3刷発行

著者　　高橋亜子
発行人　鈴木亮介
発行所　株式会社　小学館
　　　　〒101-8001　東京都千代田区一ツ橋2-3-1
　　　　電話：編集 03-3230-5585　販売 03-5281-3555
印刷　　TOPPANクロレ株式会社
製本　　株式会社 若林製本工場

販売　　中山智子
宣伝　　秋山　優
制作　　国分浩一

©2018 Ako Takahashi
Printed in Japan　ISBN 978-4-09-310879-9

○造本には十分注意をしておりますが、印刷、製本など、製造上の不備がございましたら「制作局コールセンター」(フリーダイヤル0120-336-340) にご連絡ください。(電話受付は、土・日・祝休日を除く9:30~17:30)
○本書の無断での複写(コピー)、上演、放送等の二次利用、翻案等は、著作権法上の例外を除き禁じられています。本書の電子データ化などの無断複製は著作権法上の例外を除き禁じられています。代行業者等の第三者による本書の電子的複製も認められておりません。
○本書に掲載した作品の商品化および複製頒布は禁止されています。

撮影　　　松本のりこ (右記以外)、山﨑正記 (P.2-3,8)
トレース　小池百合穂
制作協力　太田眞規子、川畑てる子、木場弘枝、小池美穂、
　　　　　田中博美、田村直美、辻本純子、野中小百合、
　　　　　福島祐子、桝屋美佳、村尾眞理子、門垣洋子、
　　　　　山﨑敦子、山室尚子
企画・編集　笠井良子、堀米 紫

材料提供 (50音順)

株式会社ダイドーフォワード　パピー事業部
〒101-8619　東京都千代田区外神田3-1-16
ダイドーリミテッドビル3F　TEL 03-3257-7135
URL　www.puppyyarn.com　※パピー製品

横田株式会社
〒541-0058　大阪市中央区南久宝寺町2-5-14
TEL 06-6251-2183 (代)
URL　www.daruma-ito.co.jp/　※DARUMA製品

[フェアアイルヤーンの取り扱いについて]

本書で使用した「Jamieson's of Shetland (ジェイミソンズ オブ シェットランド)」と「Jamieson & Smith (ジェイミソン＆スミス)」の製品は、以下のお店から購入することができます。

Keito (ジェイミソンズ)
ホームページURL　www.keito-shop.com/
オンラインショップURL　online.keito-shop.com/

Shaela (ジェイミソンズ)
〒182-0006　東京都調布市西つつじヶ丘4-6-3-2F
TEL&FAX 042-455-5185
URL　shaela.jimdoweb.com/

MOORIT (ジェイミソン＆スミス)
〒158-0094　東京都世田谷区玉川3丁目12-11 B1
TEL 03-3708-6375
URL　moorit.jp/

ユーロ・ジャパン・トレーディング・カンパニー
(ジェイミソンズ、ジェイミソン＆スミス)
IP電話 050 313 60606
※電話受付は日本時間17～24時
URL　www.eurojapantrading.com